La regla de oro de los negocios

La regla de oro de los negocios

Grant Cardone

Rocaeditorial

Penguin
Random House
Grupo Editorial

Título original: *The 10X Rule*

Primera edición en México: julio de 2016
Primera edición: mayo de 2024
Tercera reimpresión: febrero de 2026

© 2011, Grant Cardone
Publicado mediante acuerdo con John Wiley & Sons, Inc.,
Hoboken, Nueva Jersey.
© 2016, derechos de edición mundiales en lengua castellana:
Penguin Random House Grupo Editorial, S. A. de C. V.
© 2024, Roca Editorial de Libros, S. L. U.
Travessera de Gràcia, 47-49. 08021 Barcelona
© 2016, Vicente Herrasti, por la traducción

Printed in Spain – Impreso en España

ISBN: 978-84-10096-16-5
Depósito legal: B-4470-2024

Compuesto en Grafime, S. L.

Impreso en Liber Digital, S. L.
Casarrubuelos (Madrid)

RE 9 6 1 6 5

¡Cualquiera que me sugiera hacer menos,
o no es mi amigo o está muy confundido!

GRANT CARDONE

Índice

Introducción 11

1. ¿Qué es la Regla 10X? 15
2. ¿Por qué es vital la Regla 10X? 27
3. ¿Qué es el éxito? 35
4. El éxito es tu obligación 39
5. No hay escasez de éxito 47
6. Asume el control de todo.................................... 53
7. Cuatro grados de acción.................................... 61
8. El promedio es una fórmula fallida 75
9. Metas 10X 83
10. La competencia es para miedosos..................... 91
11. Escapar de la clase media 99
12. La obsesión no es una enfermedad, es un don 107
13. Apuesta el resto y comprométete de sobra.......... 113
14. Expándete; nunca te contraigas 119
15. Quema el lugar... 125
16. El miedo es el gran indicador 131
17. El mito sobre la gestión del tiempo.................... 137
18. La crítica es una señal de éxito 145
19. La satisfacción del cliente es el objetivo
      equivocado.. 151

20. Omnipresencia 163
21. Excusas 171
22. ¿Exitoso o no exitoso? 175
23. Empezar con el estilo 10X 205

Introducción

Probablemente empieces a leer este libro preguntándote qué es exactamente esto de la Regla de oro y cómo puede ayudarte.

La Regla de oro o Regla 10X es el Santo Grial para quienes desean el éxito. Dicho en serio: si existe algo realmente eficaz, ¡es esto! La Regla 10X* establece los niveles correctos de acción y pensamiento que garantizan el éxito y aseguran que podrás seguir operando a esos niveles durante toda tu carrera y toda la vida. También disolverá los temores, aumentará tu valor y tu fe en ti mismo, acabará con la tendencia a posponer, a experimentar inseguridad, y te proporcionará un sentido de propósito que revitalizará tu vida, tus sueños y tus metas.

La Regla 10X es el principio que las personas con mayores logros usan en las áreas más productivas de sus vidas. Sin importar cómo definas el éxito, este libro te mostrará cómo obtenerlo; independientemente de qué sueño tengas o en qué economía te encuentres. Lo primero que debes hacer es ajustar tu pensamiento a los niveles 10X y tus acciones a las cantidades 10X. Te enseñaré cómo los pensamientos y las acciones 10X te facilitarán la vida, la harán más divertida y te darán más tiempo. Después de pasar una vida estudiando el éxito,

---

* En inglés el término *10X Rule* se refiere a potenciar acciones e ideas de manera conjunta. En este libro utilizaremos Regla de oro y/o Regla 10X indistintamente y con ese mismo significado. *(N. del E.)*.

creo que la Regla 10X es uno de los ingredientes que todas las personas exitosas conocen y usan para crear las vidas que desean. La Regla 10X te mostrará cómo definir las metas indicadas, estimar con precisión el esfuerzo necesario, discernir la manera de emprender los proyectos con la mentalidad correcta y, después, aprender a determinar exactamente cuántas acciones has de realizar. Sabrás por qué el éxito está garantizado cuando operas dentro de los parámetros de la Regla 10X, y finalmente entenderás por qué la mayoría de la gente nunca lo obtiene. Descubrirás por primera vez el error que se suele cometer cuando se establecen metas que, al ser definidas, destruyen cualquier posibilidad de hacerse realidad. También concretarás el esfuerzo necesario para completar cualquier meta. Finalmente, te enseñaré a convertir en hábito y disciplina el hecho de actuar a niveles 10X. Y confía en mí: una vez que lo hagas, el éxito no solo estará garantizado, se mantendrá y dará lugar a más triunfos, siendo virtualmente imparable.

La Regla 10X es una disciplina, no una educación ni un don, un talento o buena suerte. No requiere de ningún rasgo específico de la personalidad; está al alcance de cualquiera. La Regla 10X no te costará nada y te llevará a obtener todo lo deseado. Es la manera en que los individuos y las organizaciones deben entender la creación y el logro de las metas. Te enseñaré a convertir la Regla 10X en una forma de vida y en la única para abordar los proyectos. Te permitirá destacar entre tus compañeros y en el sector en que trabajas. Hará que otros casi te consideren extraordinario por tus actos y tu compromiso con el éxito. Reconocerán tu nivel de modelo, no solo en términos de logros profesionales, sino de vivir la vida al máximo.

La Regla 10X simplifica y desmitifica el fenómeno del éxito y lo que se requiere para ser exitoso. Personalmente, el mayor error que cometí fue no establecer objetivos suficientemente ambiciosos, tanto en aspectos privados como profesionales de mi vida. Se requiere la misma cantidad de energía para forjar un gran matrimonio que para uno regular, así como se requiere la misma cantidad de energía y esfuerzo para conseguir 10.000.000 de dólares que 10.000. ¿Suena descabellado? No lo es. Y te darás cuenta de ello cuando comiences a operar en niveles 10X. Tus metas cambiarán y tus acciones te llevarán a la altura de ti mismo y de lo que eres capaz de hacer. Comenzarás a actuar más y lograrás lo que te propongas, sin importar las condiciones y situaciones a las que te enfrentes. La contribución más importante al éxito que he creado en mi propia vida llegó como resultado de operar con la Regla 10X.

Estos conceptos del establecimiento de metas, logro de objetivos y toma de acción no se enseñan en las escuelas, en las clases de administración, en el entrenamiento para el liderazgo o en las conferencias de fin de semana en el Four Seasons. No existe una fórmula —al menos una que haya podido encontrar en los libros— que determine la estimación correcta del esfuerzo. Habla con cualquier director general o dueño de un negocio y te dirá que los niveles de motivación, ética laboral y seguimiento son escasos en nuestros días.

Tanto si tu meta es mejorar las condiciones sociales del planeta como construir la empresa más rentable del mundo, requerirá pensamientos y acciones 10X para llegar a ella. No es un asunto de educación, talento, relaciones, personalidad, suerte, dinero, tecnología, industria; ni siquiera se trata de estar en el lugar indicado en el momento correcto. En todos los casos en que alguien ha creado niveles masivos de éxito —sea filántropo, empresario, político, agente de cambio, atleta o productor de cine—, te garantizo que él o ella operó con la Regla 10X durante su ascenso al éxito.

Otro componente necesario para el éxito es la habilidad de estimar la cantidad de esfuerzo necesaria para alcanzar una meta, tanto tú como tu equipo. Al emplear la cantidad exacta, garantizarás el logro de tus objetivos. Todos saben lo importante que es establecer metas; sin embargo, la mayoría de la gente fracasa porque subestima la cantidad de acción necesaria para lograr el objetivo. Establecer las metas correctas, estimar el esfuerzo indispensable y operar al nivel de acción requerido garantizarán el éxito; y eso nos permitirá romper con los clichés comerciales, con la competencia, la resistencia del cliente, los retos económicos, la aversión al riesgo e incluso con el temor al fracaso.

La Regla de oro o Regla 10X te asegurará el éxito sin importar tu talento, educación, situación financiera, habilidades para la organización, administración de tu tiempo, industria en que trabajes o la cantidad de suerte que tengas. ¡Usa este libro como si tu vida y tus sueños dependieran de él y operarás en nuevos niveles que jamás creíste posible!

1

¿Qué es la Regla 10X?

La Regla 10X te garantizará obtener lo que deseas en cantidades que nunca antes consideraste posibles. Puede funcionar en todas las áreas de la vida: espiritual, física, mental, emocional, familiar y financiera. La Regla 10X se basa en comprender cuánto esfuerzo y reflexión se requiere para hacer algo exitoso. Las posibilidades dicen que, si miras atrás en tu vida, verás que subestimaste tanto las acciones como el razonamiento necesario para completar cualquier empresa según lo que hoy se considera exitoso. Aunque yo mismo hice las cosas bien en lo relativo a la primera parte de la Regla 10X —establecer el nivel de esfuerzo necesario para lograr un objetivo—, fracasé en la segunda: ajustar mi pensamiento y atreverme a soñar a niveles inimaginables. Abordaré ambas facetas del asunto en detalle.

He estudiado el éxito durante tres décadas y, a pesar de lograr el acuerdo respecto al establecimiento de metas, disciplina, persistencia, concentración, gestión del tiempo, afianzamiento con buen personal y trabajo de red, nunca me ha quedado claro qué es específicamente lo que marca la diferencia. Me han preguntado cientos de veces en seminarios y entrevistas cuál es la acción, calidad o mentalidad específica que asegurará que una persona alcance un éxito extraordinario. Esta pregunta me obligó a reflexionar para comprender si hubo algo en mi propia vida que lo cambió todo: «¿Qué cosa específica puede crear la mayor transformación?». No tengo un gen que les falte a otros y definitivamente no ha sido la suerte. No estaba relacionado con la gente adecuada y no asistí a una escuela para los de sangre azul. ¿Qué me hizo exitoso?

Al repasar mi vida, veo que lo único consistente con el éxito logrado es que siempre hago diez veces más actividad que los demás. Por cada presentación de ventas, llamada o cita que otros llevaban a cabo, yo hacía diez. Cuando empecé a invertir en bienes inmuebles, veía diez veces más propiedades de las que podía comprar y hacía ofertas para asegurarme de comprar lo que quería al precio deseado. Siempre he emprendido mis negocios con acciones masivas; tal ha sido el factor individual más importante que ha determinado cualquier éxito alcanzado. Yo era un completo desconocido cuando fundé mi primera empresa sin un plan de negocios. Tenía cero conocimientos y relaciones, y mi dinero solo se generaba a través de nuevas ventas. Sin embargo, pude construir un negocio sólido y viable al valerme de niveles de actividad y operación muy superiores a los que otros consideraban razonable. Me hice un nombre y literalmente cambié un sector.

Permíteme ser claro en este sentido: no considero haber creado niveles extraordinarios de éxito, ni utilicé todo mi potencial. Sé que hay muchas otras personas más exitosas que yo, al menos financieramente. Aunque no soy Warren Buffett, Steve Jobs o uno de los fundadores de Facebook o Google, he creado desde cero varias empresas que me han permitido gozar de un estilo de vida agradable. Y la razón por la que no logré crear niveles extraordinarios de éxito financiero es que violé la segunda parte de la Regla 10X: el pensamiento 10X. Eso ha sido lo único lamentable: fallar al abordar mi vida con la mentalidad correcta. De haberlo hecho así, me hubiera puesto objetivos diez veces mayores a lo soñado desde el principio. Pero, al igual que tú, ahora trabajo en eso y me quedan algunos años para corregirlo.

Empleo la expresión «niveles extraordinarios de éxito» una y otra vez a lo largo de este libro. Lo extraordinario, por definición, significa cualquier cosa fuera de lo que la gente normal hace y logra. Y por supuesto, la definición depende de con quién o con qué clase de éxito te compares. Antes de decir «no necesito niveles extraordinarios de éxito», «el éxito no lo es todo», «solo quiero ser feliz» o cualquier otra cosa que murmures para tus adentros en este momento, entiende algo: para llegar al siguiente nivel de lo que sea que hagas, debes pensar y actuar de forma muy distinta. No llegarás a la siguiente fase de un proyecto sin una mentalidad más ambiciosa, sin más aceleración y potencia extra. Tus pensamientos y acciones son responsables del lugar que ocupas en este momento. ¡Así que es razonable sospechar de ambos!

Digamos que tienes un empleo pero no ahorros y deseas ganar mil dólares más al mes; o tienes unos veinte mil dólares en el banco y quieres ahorrar un millón; o tu empresa gana un millón al año y quieres que llegue a cien millones. Quizá debas encontrar empleo, perder veinte kilos o encontrar a la pareja indicada. Aunque estos escenarios cubren diversos aspectos de tu vida, tienen un denominador común: la persona que los desea aún *no los tiene*. Cada una de estas metas es valiosa y requiere de una manera distinta de conceptualizarla y actuar para que sea asequible. Todas pueden definirse como extraordinarias si exceden lo que consideras ordinario. En tanto que pueden no ser excepcionales en comparación con lo que buscan otros, la meta que estableces debe siempre conducirte a un sitio o condición mejor, moverte en dirección a un objetivo que todavía no has logrado.

Otros pueden tener una opinión sobre tu éxito, pero solo tú decides si es extraordinario. Solo tú conoces tu verdadero potencial y si lo aprovechas; nadie más puede juzgar tu éxito. El éxito es el grado o medida en obtener algún objeto o fin deseado. Una vez que se consigue, el asunto cambia y gira en torno a la idea de mantener, multiplicar y repetir tus acciones con tal de sostener ese resultado. Aunque el éxito describe una hazaña lograda, la gente no suele estudiarlo en términos de algo consumado. Abordan el concepto pensando en algo que pretenden hacer. Una cuestión interesante sobre el éxito es que se parece a una bocanada de aire; aunque tu inhalación más reciente es importante, ni mucho menos es tan importante como la siguiente.

No importa cuánto hayas logrado hasta ahora, desearás seguir teniendo logros. Si no intentas tener éxito, es como si vivieras la vida con la última inhalación realizada. Todo cambia, nada permanece como estaba; para que las cosas se mantengan, requieren atención y acción. Después de todo, un matrimonio no puede mantenerse con el mismo amor que el día de la boda.

Pero la gente que tiene mucho éxito —tanto en la vida profesional como en la personal— sigue trabajando, produciendo y creando incluso después de haber prosperado. El mundo observa a esta gente con sorpresa y confusión, y le formula preguntas como: «¿Por qué sigues esforzándote?». La respuesta es simple: la gente muy exitosa sabe que sus esfuerzos deben continuar para alcanzar nuevos logros. Una vez que se abandona la persecución de un objeto o meta deseados, el ciclo del éxito llega a su fin.

Recientemente, alguien me comentó: «Queda claro que ya tienes dinero suficiente para vivir cómodamente; ¿por qué sigues esforzándote?». Porque estoy obsesionado con la siguiente bocanada. Soy obsesivo en lo relativo a dejar un legado y una huella positiva en el planeta. Soy muy infeliz cuando no logro nada y muy feliz cuando persigo mi potencial al completo y todas mis habilidades. Mi desilusión o insatisfacción con el lugar que ocupo en cada momento no indica que haya algo malo en mí, sino que algo está bien. Creo que es mi obligación ética crear éxito para mí, mi familia, mi empresa y mi futuro. Nadie puede convencerme de que hay algo malo en mi deseo de lograr nuevos niveles de éxito. ¿Debo contentarme con el amor que sentía ayer por mis hijos y mi esposa o debo continuar creando amor y repartiéndolo en mayores cantidades hoy y mañana?

La realidad es que la mayoría de la gente no tiene eso que define como éxito; muchos quieren «algo más» en al menos un aspecto de sus vidas. Esas son las personas que leerán este libro: los insatisfechos que ansían algo más. En realidad, ¿quién no desea más y mejores relaciones, más tiempo de calidad con los seres queridos, más experiencias importantes, un mejor nivel de aptitud física y salud en general, mayor energía, más conocimiento espiritual y la capacidad de contribuir al bien de la sociedad? Se trata de cualidades que muchas personas utilizan para medir el éxito, y el denominador común de todas ellas es el deseo de mejorar.

Sin importar lo que quieras hacer o ser —perder cinco kilos, escribir un libro o hacerte multimillonario—, tu deseo de alcanzar cada una de estas acciones es un elemento increíblemente importante para hacerlo. Cada una de estas metas individuales es vital para tu supervivencia futura porque indica lo que está dentro de tu potencial. Cualquiera que sea la meta que pretendas lograr, se necesitará que pienses distinto, que adoptes un compromiso enteramente nuevo y realices cantidades masivas de acción, unas diez veces superiores a lo que consideres necesario, para seguir avanzando después. Casi todos los problemas que la gente afronta en sus carreras y otros aspectos de sus vidas —como dietas o matrimonios fallidos o problemas financieros— son el resultado de no actuar lo suficiente.

Así que antes de que te digas por diezmilésima ocasión que serías feliz si tuvieras lo que sea, o que no quieres ser rico, sino solo acomodado, o que solo quieres lo suficiente para ser feliz, debes entender un punto de vital importancia: limitar la cantidad de éxito deseado es una violación a la Regla 10X *per se*. Cuando la gente limita la cantidad de éxito deseado, te aseguro que limita lo que se requiere de ella para lograr el éxito y fracasa miserablemente al hacer lo necesario para mantenerlo.

Este es el foco de la Regla 10X: debes proponerte objetivos diez veces superiores a lo que piensas que deseas y luego realizar diez veces el trabajo que crees necesario para obtener dichos objetivos. Los pensamientos masivos deben ser seguidos por acciones masivas. No hay nada de extraordinario en la Regla 10X. Es solamente lo que dice ser: diez veces los pensamientos y diez veces las acciones respecto a otras personas. La Regla 10X va de tener una mentalidad puramente dominante. No hacer nunca lo que otros hacen. Debes estar dispuesto a hacer lo que ellos no harán e incluso realizar acciones que se podrían considerar «insensatas». Esta mentalidad dominante no intenta controlar a los demás; más bien se trata de ser modelo para sus pensamientos y acciones. Tu mentalidad y tus propósitos deben ser una referencia para que la gente logre medirse a sí misma. La gente 10X nunca aborda un objetivo tratando de lograr solo esa meta. Más bien buscan dominar el sector entero y realizarán acciones insensatas para obtenerlo. Si comienzas lo que sea con una mentalidad que limita el posible resultado, limitarás las acciones necesarias para conseguir la meta misma.

A continuación encontrarás los errores básicos de la gente al establecer o perseguir metas:

1. Mala elección de metas al establecer objetivos demasiado pobres y que no permiten la suficiente motivación.
2. Subestimar severamente lo que se requiere en términos de acciones, recursos, dinero y energía para completar el objetivo.

3. Invertir demasiado tiempo compitiendo y no el suficiente dominando el sector.
4. Subestimar cuánta adversidad se necesitará superar para llegar a la meta trazada.

El problema hipotecario al que Estados Unidos hizo frente a partir del año 2008 es un ejemplo perfecto de esta secuencia de errores. Quienes fueron víctimas de esta situación establecieron objetivos equivocados, subestimaron la cantidad necesaria de acción y se concentraron demasiado en ser competitivos y no en crear una situación que los hiciera invencibles ante los contratiempos. La gente actuaba con mentalidad de rebaño, basándose en la competencia y no en la dominación, durante el boom inmobiliario. Pensaban en términos parecidos al siguiente: «Debo hacer lo que mi colega/vecino/familiar hace» en lugar de pensar: «Debo hacer lo mejor para mí».

A pesar de lo que mucha gente clama (o quiere creer), la verdad es que cada persona con una experiencia negativa sobre la crisis inmobiliaria y el consecuente embargo se equivocó al establecer sus metas de supervivencia. El número de embargos impactó después en el valor de las casas de la gente en todo el país. Y cuando se derrumbó el mercado inmobiliario afectó a todo negativamente, incluso a quienes no habían entrado en el juego de los bienes inmuebles. El desempleo se duplicó y luego se triplicó. Como resultado, las industrias sufrieron pérdidas, las compañías cerraron y se liquidaron las cuentas de jubilación. Hasta los inversores más sofisticados juzgaron mal la cantidad de riqueza necesaria para soportar esta clase de tormenta. Puedes culpar a los bancos, al gobierno federal, a los intermediarios hipotecarios, a los tiempos, a la mala suerte o hasta a Dios si quieres, pero la realidad es que cada persona (y me incluyo), incontables bancos, empresas e industrias enteras fracasaron en la valoración apropiada de la situación.

Cuando la gente no establece metas 10X —y, por lo tanto, falla al operar en niveles 10X— se hace susceptible al fenómeno de querer enriquecerse rápidamente y ante los cambios imprevistos en el mercado. Si te hubieras ocupado de tus propias acciones dirigidas a dominar tu sector, probablemente no habrías caído en este tipo de tentaciones. Lo sé porque me sucedió a mí. Me vi atrapado en esta situación porque no establecí mis objetivos apropiados a niveles 10X y me dejé llevar por las alabanzas de otros. Alguien se acercó a mí, se ganó mi confianza y dijo ser capaz de hacer dinero para mí si unía fuerzas con él y su empresa. Puesto que aún no tenía suficiente experiencia, me vi atraído y sufrí de mala manera. Si yo hubiera establecido mis metas apropiadamente, habría estado tan preocupado por hacer lo necesario que ni siquiera hubiera tenido tiempo de reunirme con ese ladrón.

Si te fijas, es probable que te percates de que la humanidad tiende a establecer metas por debajo del ideal. De hecho, muchas personas han sido programadas para seguir propósitos que ni siquiera son propios. Se nos dice cuánto es «mucho dinero», qué es riqueza, pobreza o clase media. Tenemos nociones determinadas sobre lo justo, difícil, posible, ético, bueno, malo, horrible, lo que sabe bien, tiene buen aspecto y demás. Así que no pienses que tus objetivos no están influidos por estos parámetros preestablecidos.

Cualquier objetivo que te propongas conseguir será difícil de lograr, e inevitablemente te sentirás decepcionado en algún punto del camino. Entonces, ¿por qué no fijar desde el principio metas que te resulten mucho más valiosas? Si de cualquier modo van a requerir trabajo, esfuerzo, energía y persistencia, ¿por qué no invertir diez veces más de cada elemento? ¿Qué tal si sobreestimas tus capacidades?

Podrías quejarte alegando que las metas poco realistas llevan a la desilusión. Tómate un tiempo para estudiar historia o, mejor aún, simplemente piensa en tu vida pasada. Las probabilidades indican que habrás sufrido mayores desilusiones al establecer objetivos muy bajos y lograrlos, solo para darte cuenta de que no llegabas al lugar deseado. Otra escuela de pensamiento aconseja no establecer metas poco realistas porque contribuyen a darte por vencido cuando te das cuenta de que no podrás alcanzarlas. Pero ¿no será mejor quedarse corto en pos de un objetivo 10X y lograr más que si te quedaras corto en la consecución de un objetivo diez veces menor? Digamos que mi meta original es ganar 100.000 dólares y decido cambiarla a ganar 1.000.000. ¿Con cuál de estas metas prefieres quedarte corto?

Algunas personas dicen que las expectativas causan infelicidad. Sin embargo, puedo asegurarte gracias a mi experiencia personal que sufrirás al establecer metas demasiado bajas. Simplemente no invertirás la energía, el esfuerzo y los recursos necesarios para adaptar las variables inesperadas y todo lo que seguramente sucederá en el curso del proyecto o suceso.

¿Por qué gastar tu vida ganando solo el dinero suficiente para terminar sin el dinero suficiente? ¿Para qué sudar en el gimnasio una sola vez a la semana, sentir dolor y nunca cambiar de verdad tu cuerpo? ¿Para qué ser meramente «bueno» en algo cuando el mercado recompensa solo la excelencia? ¿Para qué trabajar ocho horas al día en un empleo en el que nadie reconoce que podrías ser una superestrella y quizá hasta dirigir o ser dueño de tu propio negocio? Todos estos ejemplos requieren de energía. ¡Solo tus objetivos 10X valen la pena de verdad!

Mejor volvamos a nuestra definición de éxito, término que la mayoría de la gente no busca en un diccionario y mucho menos estudia. ¿Qué significa en realidad tener éxito o ser exitoso? En la Edad Media, la palabra derivada del latín *succedere*, se refería a la persona que asumía el trono (¡eso sí que es poder real!). Tener éxito significa que las cosas salen bien o se logra un objetivo o finalidad. El éxito, entonces, es la acumulación de sucesos que salen bien o el conjunto de resultados deseados.

Piensa en el tema de esta manera: no considerarías que una dieta es «exitosa» si perdieras cinco kilos para luego aumentar ocho. En otras palabras, debes mantener el éxito, no solo obtenerlo. También querrías mejorarlo para asegurarte de conservarlo. Después de todo, puedes cortar el césped una vez y ser exitoso al hacerlo, pero volverá a crecer. Deberás hacer un mantenimiento constante para definirlo como éxito. No se trata de lograr la meta una vez, sino de persistir en la creación.

Antes de preocuparte por trabajar en esto para siempre, déjame asegurarte que no habrá problema en establecer los objetivos 10X correctos desde el principio. Habla con alguien que sea extraordinariamente exitoso en algún campo y te dirá que la actividad nunca se percibe como trabajo. Así lo percibe la mayoría porque la recompensa no es suficiente y no proporciona una victoria tal que no se sienta como una obligación.

Tu enfoque debe concentrarse en el tipo de éxito que se construye sobre sí mismo, que es constante y no sucede una sola vez. Este libro trata de cómo crear logros extraordinarios, conseguirlos y mantenerlos, para después seguir creando en nuevos niveles sin que parezca que sea trabajo. Recuerda: una persona que limita su éxito potencial limitará lo que él o ella hará para crearlo y mantenerlo.

También es vital tener en cuenta que la cuestión adquirida —en otras palabras, la meta u objetivo— no importa tanto como la mentalidad y las acciones indispensables para lograr metas 10X. Ya sea que quieras ser un orador profesional, un autor best seller, un ejecutivo de altos vuelos, un padre excepcional, un gran maestro, una pareja ejemplar, estar en gran forma o producir una película de la que hable todo el mundo durante generaciones, se requerirá que te muevas de donde estás ahora para comprometerte con los pensamientos y acciones 10X.

Cualquier objetivo o meta deseable implicará siempre hacer algo para lograrla. No importa cuánto hayas hecho ya para obtenerla. Mientras estés vivo, debes dedicarte a vivir para cumplir tus metas y sueños o te utilizarán como recurso para conseguir los de otro. En lo que a este libro se refiere, el éxito también puede definirse como lograr el siguiente nivel de lo que deseas, y de manera que cambie para siempre tu percepción de ti mismo, de tu vida, del uso de tu energía y, tal vez lo más significativo, cómo te perciben los demás.

La Regla 10X o Regla de oro trata de lo que debes pensar y hacer para obtener un éxito diez veces más gratificante de lo que jamás has imaginado. Este nivel de éxito no puede lograrse con estructuras «normales» de pensamiento y acción. Es por eso por lo que, incluso cuando la mayoría de los objetivos se consiguen, no suelen llevar a la plenitud. Los matrimonios promedio, el peso, la salud, los negocios… En general los productos promedio son solo eso: cosas promedio.

¿Estás listo para la aventura 10X?

Ejercicio

¿Cuáles son las dos partes de la Regla 10X?

_____

_____

_____

_____

¿Cuáles son los cuatro errores más graves que la gente co-
mete al establecer metas?

_____

_____

_____

_____

¿Por qué es problemático establecer metas muy bajas?

_____

_____

_____

_____

¿Estás listo para el 10X?

_____

_____

_____

_____

2

¿Por qué es vital la Regla 10X?

Antes de abordar el tema de lo importante que es para ti pensar y operar de acuerdo con la Regla 10X o Regla de oro, permíteme compartir un poco de mi propia historia. En cada proyecto en los que me he involucrado, he subestimado la cantidad de tiempo, energía, dinero y esfuerzo necesario para alcanzar el éxito. Cualquier cliente que me proponía ganar o cualquier negocio en que decidía entrar me ha requerido en todos los casos diez veces más correos electrónicos, llamadas, cartas y contactos de los que estimé. Incluso lograr que la chica que me gustaba me diera una cita y casarme con ella después me llevó diez veces más esfuerzo y energía de lo calculado (pero ¡absolutamente todo valió la pena!).

No importa lo mucho mejor que sea tu producto, servicio o propuesta, te aseguro que habrá algo que no preverás o no planearás correctamente. Cambios económicos, cuestiones legales, la competencia, la resistencia al cambio, un producto demasiado nuevo para animar a los bancos, incertidumbre en el mercado, cambios tecnológicos, problemas de la gente y problemas con la gente, elecciones, guerras, huelgas… He aquí solo algunos de los «sucesos inesperados» que pueden darse. No digo esto para asustarte, sino para que llegues a conseguir las mayores oportunidades. El pensamiento y las acciones 10X son vitales; son lo único que te ayudará a capear los sucesos imprevistos. El dinero, por sí mismo, no lo hace; ayuda, pero no hace el trabajo por ti. Si empiezas cualquier guerra sin tropas, provisiones, municiones y poder apropiados, volverás a casa derrotado. Es tan simple como eso. No basta con ocupar un territorio. Debes conservarlo.

Empecé mi primer negocio a los veintinueve años. La mayoría de la gente no emprende negocios porque no asume el riesgo financiero necesario. Me había preparado para esto —o eso creía— y calculé que me llevaría tres meses llegar al nivel de sueldo que tenía en mi empleo anterior. Pues lo cierto es que tardé casi tres años en conseguir los ingresos que tenía antes. Eso equivale a doce veces más de lo previsto. Casi me di por vencido después de tres meses, no a causa del dinero, sino por la resistencia y desilusión que experimenté.

Tenía una lista de razones específicas por las que no funcionaría mi compañía. La escribí para convencerme de abandonar el proyecto. Estaba más que desilusionado: perturbado, casi destruido. Literalmente hablé con un amigo y le dije: «No puedo seguir con esto, ya he tenido bastante». Esgrimí una razón tras otra para justificar por qué no funcionaban las cosas: los clientes no tenían dinero suficiente, la economía se desplomaba, el momento era inadecuado, yo era demasiado joven, mis clientes no comprendían, la gente no deseaba cambiar y otras razones parecidas.

Pero después de pasar mucho tiempo averiguando por qué no me funcionaban las cosas me percaté de que era posible que estuviera perdiendo de vista por completo la respuesta correcta.

No consideré la posibilidad de haber planificado incorrectamente lo necesario para mover un producto nuevo en el mercado. Había propuesto una idea nueva, pero no era algo que la gente estuviera buscando. Tenía fondos limitados y no podía contratar personal ni anunciarme, lo que fue desafortunado porque nadie conocía a la empresa ni a mí. No sabía qué hacía y trataba de copiar a otras organizaciones. Si funcionaba, dependería de mi capacidad para aumentar mis esfuerzos, no mis excusas. Cuando dejé de calcular todas las razones erróneas, me comprometí a aumentar el esfuerzo diez veces. Y en cuanto hice eso, todo comenzó a cambiar. Volví al mercado con una estimación real del esfuerzo necesario y empecé a ver resultados. En lugar de hacer dos o tres llamadas de ventas al día, hacía veinte o treinta. Cuando me comprometí del todo y pude alinear los niveles correctos de pensamiento y acción, el mercado empezó a responderme. Siguió siendo difícil, y llegué a desilusionarme de vez en cuando, pero obtuve cuatro veces más resultados con un esfuerzo 10X.

Cuando se subestima tiempo, energía y esfuerzo necesario para hacer algo, se refleja abandono en mente, voz, actitud, rostro y presentación. No se desarrolla la persistencia necesaria para lograr tu misión. Pero cuando estimas correctamente el esfuerzo necesario, asumes la postura apropiada. El mercado percibirá por tus acciones que eres una fuerza de la naturaleza con la que debe vérselas, no se irá y responderá en consecuencia.

He ofrecido servicios de consultoría a miles de individuos y empresas durante los últimos veinte años y jamás he visto a ninguno hacer las previsiones correctas. Ya se tratara de construir una casa, reunir fondos, emprender una batalla legal, obtener un empleo, vender un nuevo producto, aprender sobre un nuevo puesto, ser promovido, hacer una película o conseguir al compañero o la compañera perfecta para la vida, siempre se requería más de lo que la gente calculaba. Todavía no conozco a la persona que diga que lograr cualquiera de estas cosas es fácil. Conseguir estos objetivos puede parecer fácil para quienes lo ven desde fuera, pero los que tienen conocimiento de primera mano jamás dirían algo parecido.

Cuando se calculan mal los esfuerzos necesarios para lograr algo, te desilusionas y desalientas. Esto te impide identificar de modo correcto el problema y tarde o temprano dirás que la meta es inalcanzable y arrojarás la toalla. La primera respuesta de la mayoría de la gente —incluyendo directivos— es reducir el objetivo y no aumentar su actividad. He sido testigo durante años de cómo gerentes de ventas hacen esto con sus equipos. Asignan una cuota o están de acuerdo con un objetivo al principio del trimestre y a la mitad del camino descubren que no son capaces de alcanzarlo, de modo que organizan una junta y lo reducen hasta alcanzar una cuota más asequible para mantener al equipo motivado y con oportunidades de ganar.

Este error mayúsculo no debe siquiera cruzar por tu mente como una opción. Manda el mensaje erróneo de que los objetivos no son importantes y la única forma de ganar consiste en acercar la línea de llegada. Un gran gerente presionará para que una persona haga más, a pesar del riesgo de quedarse corto y prefiriendo eso a anular el objetivo inicial. La idea de cambiarlo para que todos se sientan bien llevará a un mayor debilitamiento de la moral, la esperanza, las expectativas y las capacidades, y todos comenzarán a encontrar razones —o mejor dicho excusas— para justificar por qué el equipo es incapaz de llegar a sus objetivos. Nunca rebajes un objetivo. Más bien, incrementa las acciones. Cuando empiezas a replantear objetivos, inventar excusas y perder los estribos, ¡estás dejando ir tus sueños! Estas tendencias indican que te sales del camino correcto y debes corregir la estimación original del esfuerzo. La Regla 10X asume que el objetivo nunca es el problema.

Cualquier objetivo que se emprenda con las acciones apropiadas y las cantidades correctas de persistencia es asequible. Incluso si deseo viajar a otro planeta, debo adoptar las acciones correctas, en las cantidades requeridas, en el tiempo necesario para la consecución del objetivo. Cuando la gente evalúa mal las acciones necesarias, inevitablemente comienza a racionalizar. La humanidad parece tener incorporada esta calculadora automática cuyo único propósito es explicar el fracaso. El problema es que las primeras y más usadas calculadoras siempre parecen proponerse algo que no es un nivel de actividad. Estos cálculos suelen ser más emocionales que lógicos; tienden a juzgar el proyecto, la clientela, la economía y al individuo para justificar la razón de que no funcionen las cosas. Probablemente se deba al falso contenido integrado a los cálculos de los medios, del sistema educativo y de crianza: excusas como «el mercado no está listo», «la economía va mal», «nadie quiere esto», «no estoy hecho para ello», «nuestras metas eran poco realistas» y más y más. Pero casi siempre se trata de que no se calculó correctamente la cantidad de acción necesaria. Sin importar el factor tiempo, la economía, el producto o lo grande que sea la aventura que emprendes, los actos correctos, realizados en el grado correcto a tiempo, te llevarán al éxito.

Puedo asegurarte por experiencia —tras treinta años de levantar empresas y llevar nuevos productos e ideas al mercado— que siempre habrá algo que pases por alto, sin importar lo detallado que sea tu plan de negocio. No me importa si tu producto tiene un coste casi nulo de fabricación ni si es cien veces superior al de tu competidor más cercano; igualmente deberás hacer diez veces más esfuerzo solo para llamar la atención y hacer que la gente empiece a conocerlo. Asume que todo proyecto llevará más tiempo, dinero, energía y esfuerzo del que imaginas. Multiplica cualquiera de tus expectativas por diez e irás más seguro. Y si no se requiere diez veces más esfuerzo del que se previó, genial. Es mejor quedar gratamente sorprendido que desilusionado. Si quieres ahorrar tiempo al llevar tu idea o producto al mercado, entonces asegúrate de hacer diez veces más de todo para estar en más lugares con más gente durante plazos más cortos. Por ejemplo, si planeabas contratar a una persona para echar a andar tu idea, entonces planea que sean diez para reducir efectivamente el tiempo necesario. Pero recuerda: diez veces más personal requerirá diez veces más dinero y alguien debe supervisar a dicho personal.

Los parámetros 10X integran variables imprevistas que se hacen realidad en cualquier momento del proyecto: problemas con empleados, demandas, cambios en la economía, acontecimientos nacionales o globales, competencia, enfermedad y demás. Suma a esta lista la natural reticencia de cualquier mercado a tus proyectos, la mentalidad de la gente, los cambios tecnológicos... Ya ves que tenemos un montón de problemas adicionales. Por alguna razón, la gente que desarrolla una idea sobre algo que quiere sacar al mercado tiende a abrazar un optimismo que frecuentemente los lleva a juzgar mal qué es necesario para la consecución del proyecto, pues ni siquiera lo conocen aún. Es probable que el mercado potencial comience a desechar esa idea. Además, también existe la posibilidad de que haya falta de interés.

No te digo que seas pesimista; solo debes prepararte. Emprende tu proyecto con la Regla 10X como si tu vida dependiera de ello. Actúa como si una cámara te filmara en cada etapa del camino. Haz ver que te graban como modelo a partir del cual tus hijos y nietos aprenderán a tener éxito en la vida. Aborda todo con la ferocidad de un atleta que tiene la última oportunidad para reclamar su sitio en las páginas de los libros de historia. Y siempre recuerda llegar hasta el final: es el verdadero denominador común de todos los ganadores. Hacen todo lo necesario hasta terminar. No pongas pretextos y adopta una actitud proactiva y decidida. Aborda cada situación con la mentalidad de ganar al precio que sea. ¿Suena demasiado agresivo? Lo siento, pero esa es la perspectiva correcta para ganar en nuestros días.

Sé que probablemente has escuchado esto antes, pero el éxito no solo «sucede, sino que es el resultado de acciones implacables y apropiadas realizadas a tiempo. Solo tendrán éxito quienes operan con esta óptica y ejecutan las acciones correspondientes. Por supuesto que la suerte tiene algo que ver en ello, pero siempre que alguien «tiene suerte» te dirá que es directamente proporcional a lo realizado. Cuantas más acciones emprendas, mayores serán tus posibilidades de tener «suerte».

Ejercicio

¿Cuál es la primera reacción de la mayoría de la gente —incluyendo a los gerentes— cuando no alcanza los objetivos?

_____

_____

_____

_____

Cuando pones pretextos de por qué no llegas a los objetivos, ¿qué estás indicando?

_____

_____

_____

_____

Completa la siguiente oración. La Regla 10X asume que el objetivo nunca es _____. Cualquier objetivo, abordado con la _____ correcta, en el _____ correcto, con persistencia es _____.

3

¿Qué es el éxito?

Sé que ya he utilizado el término «éxito» muchas veces, pero ahora vamos a aclarar lo que en realidad es, pues probablemente significa algo distinto para ti y para mí. La definición depende de en qué etapa de la vida se encuentre una persona, o de los intereses que tenga. El éxito, durante la infancia temprana, tal vez signifique recibir paga por primera vez o irse a dormir después de la hora acostumbrada. Pero eso no deja de ser interesante con el paso de los años, pues el éxito en la etapa adolescente acaso sea conseguir una habitación propia, un teléfono móvil o un horario de llegada más flexible. Cuando se tienen veintitantos años, el éxito puede ser amueblar tu primer apartamento y obtener tu primer ascenso. Más tarde, matrimonio, hijos, más ascensos, viajes, más dinero. Conforme envejeces y las condiciones cambian, tu definición del éxito se transformará de nuevo. Cuando eres anciano, es probable que encuentres el éxito en una buena salud, la familia, los nietos, en tu legado y en la manera en que se te recordará. Cuando se está vivo, las condiciones que afrontar y las situaciones y gente que más acaparan tu atención influirán en tu definición del éxito. Puede hallarse en ámbitos financieros, espirituales, físicos, mentales, emocionales, filantrópicos, comunitarios o familiares. Sin embargo, allá donde lo encuentres, las cosas más importantes que hay que saber respecto al éxito —para tenerlo y mantenerlo— son las siguientes:

1. El éxito es importante.
2. El éxito es tu obligación.
3. No hay escasez de éxito.

Abordaré el primer punto en este capítulo y los últimos dos en capítulos posteriores.

El éxito es importante

Sin distinción de cultura, raza, religión, antecedentes económicos o grupo social, la mayoría de la gente estaría de acuerdo en que el éxito es vital para el bienestar del individuo, para la unidad familiar, para la comunidad y ciertamente para la supervivencia de estos tres factores. El éxito brinda confianza, seguridad, sensación de comodidad, capacidad de contribuir a un nivel más alto, esperanza y liderazgo para los demás en términos de lo que es posible. Sin esto, tú, tu grupo, tu empresa, tus metas y tus sueños, y hasta la civilización entera, dejaríais de existir y progresar.

Piensa en el éxito en términos de expansión. Sin crecimiento continuo, cualquier entidad —sea una empresa, un sueño o incluso una raza entera— dejaría de existir. La historia está llena de ejemplos que apoyan la idea de que el desastre se presenta cuando la expansión se detiene. En esta lista incluyamos a los vikingos, a las antiguas Grecia y Roma, a la Rusia comunista y a una lista infinita de compañías y productos. El éxito es necesario para perpetuar gente, lugares y cosas.

Nunca rebajes el éxito, en tu mente o en una conversación, hasta convertirlo en algo que no importa; al contrario, ¡es vital! Cualquiera que minimice la importancia del éxito en tu futuro ha dejado a un lado sus posibilidades de logro y pasará el resto de su vida convenciendo a los demás de hacer lo mismo.

Los individuos y los grupos deben completar activamente sus metas y objetivos para seguir adelante. De no ser así, dejarán de existir o serán devorados para convertirse en parte de otra cosa. Las compañías e industrias que desean mantener su estatus deben crear productos, hacer que lleguen al mercado, mantener a clientes, empleados e inversores contentos para luego repetir el ciclo una y otra vez.

Hay varias frases que desdeñan la importancia del éxito: «El éxito es un viaje, no un destino». ¡Por favor! Cuando ocurren las recesiones económicas, todos se dan cuenta pronto de que no pueden comer o pagar la hipoteca con frases bonitas. Los acontecimientos económicos de los pasados años debieron hacer obvio lo mucho que subestimamos la importancia del éxito y lo esencial que es para nuestra supervivencia. No basta con solo jugar el juego: es vital aprender a ganarlo. Ganar —una y otra vez— en todo aquello en lo que te involucres te asegura expandirte cada vez más. Y también garantiza que tú y tus ideas podáis sobrevivir.

El éxito es igualmente importante para la percepción que la gente tiene de sí misma. Promueve confianza y sensación de seguridad, y enfatiza la importancia de contribuir a la sociedad. La gente que no puede proveer a su familia y su futuro se pone en peligro junto con ella. La gente que no es exitosa no puede comprar bienes y servicios. Esto puede hacer que una economía se vuelva más lenta y baje la recaudación de impuestos, lo que en su momento impactará negativamente en los presupuestos destinados a escuelas, hospitales y servicios públicos. En este momento, algunos dirán: «Pero el éxito no lo es todo», y por supuesto que no lo es. Sin embargo, siempre me pregunto qué intenta probar la gente con esta afirmación. Cuando en mis seminarios alguien me dice algo así, respondo: «¿Tratas de reducir la importancia de algo que no has obtenido?».

¡En serio! Sin importar las metas que intentes alcanzar, el éxito es absolutamente indispensable. Si dejas de preocuparte por él, dejarás de ganar, y si dejas de ganar el tiempo suficiente, ¡terminarás dándote por vencido! ¿Los niños se benefician cuando ven a sus padres y madres perdiendo o dándose por vencidos? ¿Se beneficia alguien cuando no vendes tu arte, no publicas ese gran libro o no perfeccionas esa gran idea que lo mejorará todo? Nadie se beneficiará de tu fracaso. No obstante, si eres capaz de revertir las cosas y obtener las metas y los sueños que te fijaste, entonces todo será diferente.

Ejercicio

Escribe algunas frases bonitas que hayas oído y disminuyan la importancia del éxito.

_____

_____

_____

¿De qué modo sería importante ser exitoso para ti y cómo mejoraría tu vida?

_____

_____

_____

_____

4

El éxito es tu obligación

Uno de los cambios más drásticos en mi vida tuvo lugar cuando, casualmente, dejé de esperar el éxito para concebirlo como un deber, una obligación y una responsabilidad. Literalmente empecé a ver el éxito como un asunto ético —un deber hacia mi familia, mi empresa y mi futuro— y no como algo que podría sucederme o no. Pasé diecisiete años recibiendo una educación formal que debía prepararme para el mundo, y ninguno de los cursos trató sobre el éxito. Nunca nadie me habló de su importancia, mucho menos de lo que yo debía hacer para obtenerlo. ¡Increíble! Años de educación, información, cientos de libros, tiempo en clases y dinero para que siguiera falto de propósito.

Pero fui lo suficientemente afortunado para tener dos experiencias de vida que sirvieron de llamadas de alerta. Mi existencia y supervivencia se vieron seriamente afectadas en ambos casos. La primera tuvo lugar cuando tenía veinticinco años. Mi vida era un lío penoso causado por años de abordarla sin objetivos, a la deriva, sin propósito cierto. No tenía dinero, me sobraba incertidumbre, carecía de rumbo, tenía demasiado tiempo libre y seguía sin comprometerme con el éxito como una obligación. Si no me hubiera dado cuenta de esto tomándome en serio la vida, no creo que estuviera vivo. Ya sabes: no se tiene que envejecer para morir. Yo estaba muriendo a los veinte años por no tener dirección o propósito. En esa época, no podía conservar un empleo, rodeado de perdedores, me sentía desesperanzado y, por si eso fuera poco, tomaba drogas y alcohol a diario. Si hubiera seguido adelante sin una llamada de atención, hubiera vivido una existencia mediocre en el mejor de los casos, y probablemente algo mucho peor. Si no me hubiera comprometido con una vida de éxito, no habría identificado mi propósito y hubiera pasado mi existencia completando los propósitos de otros. Afrontémoslo, hay muchas personas viviendo existencias simples y yo debería saberlo. En esa época me dedicaba a las ventas y las miraba con desdén. Cuando me comprometí con ellas como carrera y decidí hacer lo necesario para ser exitoso al vender, mi vida cambió.

Mi segundo despertar tuvo lugar a la edad de cincuenta años, cuando la economía atravesaba su mayor recesión desde la Gran Depresión. Literalmente cada aspecto de mi vida estaba en riesgo, como para miles de millones de individuos, compañías, industrias e incluso economías enteras. En cerca de dos semanas se hizo evidente que mi empresa no era suficientemente fuerte y su futuro estaba en riesgo. Además, mi bienestar económico se hallaba en peligro. Lo que otros tenían por riqueza financiera también peligraba. Recuerdo haber encendido la televisión un día para oír noticias de cómo aumentaban las cifras de desempleo, se destruía la riqueza por el mercado de valores y los problemas inmobiliarios; se embargaban propiedades, los bancos cerraban y las empresas eran rescatadas por el gobierno. Me percaté de que había puesto a mi familia, a mis empresas y a mí mismo en una situación precaria porque me había dormido en los laureles y había dejado de plantearme el éxito como obligación, deber y responsabilidad. Había perdido el foco y el propósito.

En estos dos momentos capitales de mi vida, desperté al hecho de que el éxito es importante para una vida plena. En la segunda ocasión, me di cuenta de que son necesarias cantidades mayores de éxito de las que calcula la mayoría de la gente y que obtenerlo de manera continua no es una elección, sino absoluta obligación. La mayoría de la gente concibe el éxito como yo lo hice cuando no estaba comprometido con él. Lo ven como si no importara, como si fuese una opción o tal vez algo que solamente les sucede a otras personas. Otros se conforman con un poco de éxito creyendo que así todo irá bien.

Tratar el éxito como si fuera una opción es una de las principales razones por las que la gente no crea éxito para sí y por la que no es capaz de vivir con todo su potencial. Puede que no te guste mucho esta noción. Si no consideras tu deber emplearte a fondo, simplemente no lo harás. Si no se convierte en asunto ético para ti, no te sentirás obligado y con ímpetu para desarrollar tu máxima capacidad. La gente no concibe la creación de éxito como obligación, misión de vida o muerte, algo que debe obtenerse como sea, con la mentalidad de un perro que está en la parte trasera de una furgoneta de reparto llena de carne. Luego pasan el resto de su vida dando excusas para no lograrlo. Eso sucede cuando lo consideras una alternativa y no una obligación. En mi hogar consideramos el éxito vital para la supervivencia de la familia. Mi esposa y yo estamos en la misma onda respecto a esto; hablamos de por qué es tan importante y determinamos exactamente qué hacer para mantener las cuestiones secundarias fuera del camino. No me refiero únicamente al éxito en términos monetarios, sino en cada área: nuestro matrimonio, la salud, la religión, las aportaciones a la comunidad y el futuro, incluso mucho después de marcharnos. Debes ver el éxito como los buenos padres conciben su obligación para con los hijos: es una cuestión de honor, una obligación y una prioridad. Los buenos padres hacen todo lo necesario para cuidar de sus hijos. Se despiertan a medianoche para alimentarlos, trabajan tan duro como sea necesario para vestirlos, luchan por ellos e incluso ponen sus vidas en riesgo para protegerlos. De la misma manera debes ver el éxito.

Deja de mentirte

Es muy común que la gente que no consigue lo que desea se justifique, llegando a mentirse a sí misma, minimizando lo valioso que el éxito es para ellos. Es fácil detectar esta tendencia en nuestra sociedad, en segmentos demográficos y poblacionales enteros. Puedes leerlo en libros, escucharlo en la iglesia y hasta verlo promovido en las escuelas. Por ejemplo, los niños que no consiguen lo que quieren luchan por ello un rato, lloran un poco y luego se convencen de que en realidad no lo querían. Es enteramente correcto admitir que quieres algo que no llegó a dar frutos. De hecho, es lo único que te ayudará a conseguir la meta a pesar de los obstáculos en el camino.

Hasta las personas más afortunadas y bien conectadas deben hacer algo para estar en el lugar correcto, en el momento correcto y ante la gente correcta. Como mencioné al final del capítulo anterior, la suerte es uno de los subproductos para quienes realizan la mayor parte de la acción. La razón por la que la gente exitosa parece afortunada es que el éxito naturalmente permite mayor éxito. La gente crea un momento mágico al alcanzar sus metas, lo que la lleva a establecer y alcanzar metas aún más ambiciosas. A menos que seas un fanático de las estadísticas, no se sabe cuántas veces alguien exitoso trató de hacer las cosas y falló; después de todo, el mundo solo les presta atención cuando ganan. El coronel Sanders, quien hizo famoso el pollo Kentucky Fried Chicken, puso a prueba la idea más de ochenta veces antes de que alguien comprara el concepto. Stallone tardó tres días en escribir el guion de *Rocky* y la película obtuvo más de doscientos millones de dólares en taquilla, pero cuando la escribió no tenía dinero, no podía pagar la calefacción de su piso e incluso vendió a su perro por cincuenta dólares para comprar comida. La gente se rio de la idea de Walt Disney de fundar un parque de atracciones, pero hoy personas de todo el mundo gastan más de cien dólares por entrada y ahorran toda la vida para disfrutar de unas vacaciones en Disney World. No te confundas con lo que puede parecer suerte. La gente con suerte no necesariamente es exitosa; la que se compromete completamente con el éxito parece tener suerte. Alguien dijo una vez: «Cuanto más duro trabajo, mejor es mi suerte».

Incluso podemos llevar las cosas un paso más allá: si eres capaz de conseguir el éxito repetidamente, se convierte menos en «éxito» y más en un «hábito» de vida diaria para algunas personas. Incluso se ha descrito a la gente exitosa como poseedora de cierto magnetismo, como si fuera dueña de un secreto o encanto casi mágico que parece rodearla y seguirla. ¿Por qué? Porque los individuos exitosos entienden el éxito como obligación, deber, responsabilidad... ¡y hasta como un derecho! Digamos que existe una oportunidad de éxito para dos personas. ¿Crees que terminará por materializarse en la vida de quien lo concibe como un deber —estirando la mano y agarrándolo— o en la de quien aborda esa opción con una actitud de desapego? Me parece que sabes la respuesta.

Y, a pesar de la frase trillada, el éxito no surge de la noche a la mañana, casi siempre llega como resultado de acciones anteriores, sin importar lo insignificantes que parezcan o hace cuánto tiempo se realizaron. Quien se refiera a un negocio, producto, actor o grupo como si se tratara de un éxito repentino no entiende los esfuerzos mentales que ciertos individuos realizan para forjar su camino. No tiene en cuenta las incontables acciones realizadas antes de que crearan y adquirieran una victoria tan merecida.

El éxito es resultado de los reclamos mentales y espirituales por obtenerlo, seguido de los actos necesarios en el tiempo hasta que se consigue. Si lo persigues con menos ánimo del que se tiene ante un deber moral o ético, una obligación con tu familia, con tu empresa y con tu futuro, lo más seguro es que no llegues a crearlo; incluso será más difícil conservarlo en caso de alcanzarlo.

Te garantizo que cuando tú, tu familia y tu compañía empecéis a considerar el éxito como una responsabilidad y un tema ético, todo lo demás cambiará. Aunque lo ético ciertamente es un asunto personal, la mayoría de la gente estará de acuerdo en que ser ético no necesariamente se limita a decir la verdad o a no robar. Nuestra definición de lo ético ciertamente puede partir de eso, incluso contener la noción de que se nos requiere vivir a la altura del potencial con el que cada uno hemos sido creado. Yo sugiero que no insistir en tener cantidades enormes de éxito es poco ético. Si pensamos en que es ético esforzarnos al máximo cada día, no hacerlo es una violación ética.

Constantemente debes exigirte el éxito, como si se tratara de un deber, una obligación y una responsabilidad. Voy a enseñarte a garantizar que esto suceda, ¡en cualquier negocio, empresa o momento, a pesar de todos los obstáculos!

El éxito debe entenderse desde el punto de vista ético.
¡El éxito es tu deber, tu obligación y tu responsabilidad!

Ejercicio

El éxito debe ser entendido como tu _____,

_____ y _____.

Escribe con tus propias palabras cómo el éxito es tu deber, obligación y responsabilidad.

_____

_____

_____

_____

Escribe dos ejemplos de cómo te has mentido a ti mismo sobre el éxito.

_____

_____

_____

_____

Menciona dos cosas importantes sobre el éxito.

_____

_____

_____

_____

5

No hay escasez de éxito

Cómo veas el éxito es tan importante como tu manera de aproximarte a él. A diferencia de un producto fabricado e inventariado, no hay límites para la cantidad de éxito que puede crearse. Puedes tener tanto como desees, y yo también, y tu logro no limita mi capacidad para conseguirlo. Pero la mayoría de la gente lo ve como si se tratara de un bien escaso. Tienden a pensar que si alguien es exitoso, de algún modo afectará a su habilidad para crearlo. El éxito no es una lotería, un juego de bingo, una carrera de caballos o un juego de cartas que permite solamente un ganador. No es el caso. Gordon Gekko, en la película de 1897 *Wall Street*, dijo: «Por cada ganador hay un perdedor». Pero el éxito no es un juego de suma cero; puede haber varios ganadores, no es un bien o recurso con reservas limitadas.

Nunca habrá escasez de éxito porque este lo crean quienes no tienen límites en cuanto a ideas, creatividad, talento, inteligencia, originalidad, persistencia y determinación. Fíjate en que me refiero al éxito como algo que es creado, no adquirido. A diferencia del cobre, la plata, el oro o los diamantes —cosas que ya existen y se encuentran en el mercado—, el éxito lo construye la gente. Las grandes ideas, las nuevas tecnologías, los productos innovadores y las soluciones frescas a viejos problemas jamás escasearán. El éxito lo crean en el mundo entero —simultáneamente o en distintos momentos y niveles— millones de personas sin límites. El éxito no depende de los recursos, de las provisiones o del espacio.

La política y los medios perpetúan estos conceptos al sugerir que no hay suficiente de algunas cosas para seguir adelante: la idea de que si tú logras algo yo no puedo obtenerlo. Muchos políticos difunden este mito para que sus seguidores defiendan su postura ante otros políticos y partidos. Hacen afirmaciones como: «Te cuidaré mejor que el otro tipo», «Haré la vida más fácil para ti», «Reduciré tus impuestos», «Te prometo una mejor educación para tus hijos» o «Haré posible tu éxito». Leyendo entre líneas estas afirmaciones, concluimos que solo quien las pronuncia puede hacerlo, no otra persona. Estos políticos enfatizan primero los temas y las iniciativas que los seguidores consideran importantes, para luego crear la sensación de que los ciudadanos no son capaces de hacer las cosas por sí mismos. Destacan la «escasez» existente y hacen esfuerzos para que la gente sienta que la única manera de obtener lo que quiere y necesita es apoyándolos. De otro modo, tus oportunidades de obtener tu parte del pastel serán remotas.

Una de las razones por las que es difícil discutir sobre política o religión es que los intercambios relativos a estos dos temas sugieren escasez, lo que deriva en disputas inevitables. Por ejemplo, si ganan tus ideas políticas, entonces las mías pierden. Si un partido obtiene aquello por lo que lucha, entonces otro grupo debe sufrir. Lo mismo ocurre con ciertas actitudes generales y puntos de vista. Es difícil estar de acuerdo o en desacuerdo; la gente actúa bajo la idea de que las creencias de una persona no pueden mantenerse si existen otras en conflicto. Esta noción, basada una vez más en el concepto de los límites y la escasez, solo aumenta la tensión entre nosotros. ¿Por qué una persona está equivocada y otra en lo cierto? ¿Por qué la necesidad de limitar?

La noción de competencia sugiere que si una persona gana, la otra pierde. Aunque esto puede ser cierto en los juegos de mesa, donde el objetivo es que haya un ganador, no es real cuando se trata del éxito en los negocios y en la vida. Los grandes jugadores no piensan con semejantes limitaciones. Más bien piensan sin límites, algo que les permite ascender a niveles que muchos consideran imposibles. El éxito de la leyenda financiera Warren Buffett no se ve limitado por las estrategias de inversión de otros, y de ninguna manera sus capacidades financieras limitan mi habilidad para crear mi propio éxito económico. Los fundadores de Google no detuvieron la creación de Facebook, ni dos décadas de dominio de Microsoft impidieron que Steve Jobs elevara el perfil de Apple con iPod, iPhones y iPad. La cantidad de nuevos productos, ideas y creaciones exitosas de estas empresas en los últimos años no evitará que otros —tal vez tú— generen éxito de maneras todavía más sorprendentes.

No tienes que mirar muy lejos para ser testigo de cómo el mito de la escasez se ve perpetuado por la mayoría con expresiones de envidia, desacuerdo, injusticia y sugiriendo que quienes la provocan han sido injustamente compensados. Luego tenemos las noticias constantes de los medios sobre la falta de empleo, dinero, oportunidades e incluso de tiempo. ¿Cómo de común es escuchar que alguien dice: «No hay horas suficientes en el día»? ¿Cómo de fácil es que alguien se queje de que «no hay muchos buenos empleos» o afirme que la gente no contrata? La realidad es que, incluso si el 20 por ciento de la población no tiene trabajo, el 80 por ciento sí lo tiene.

Otro ejemplo de este «pensamiento de la escasez» tuvo lugar justo en mi vecindario. El hombre que vive en la casa de al lado es uno de los actores más famosos en Hollywood; una gran estrella y un actor increíble. El camino que separa nuestras casas está lleno de baches que el ayuntamiento no repara. Otro vecino que vive al final de la calle tuvo el atrevimiento de sugerir que «la estrella de cine» arreglara la calle porque gana veinte millones de dólares por película. Quedé estupefacto por su pensamiento respecto al éxito: solo porque ese actor hubiera creado éxito más allá de lo que cualquiera de nosotros hubiéramos logrado, debía encargarse de arreglar la calle. Yo pensaba que más bien nosotros debíamos mejorar el camino sin coste para él, pues viviendo ahí aumenta el valor de las casas de nuestro vecindario. Cuando alguna personalidad de la televisión obtiene un contrato muy lucrativo, la gente pregunta: «¿Cómo alguien gana tanto dinero?». Pero el dinero es algo creado por el hombre e impreso en máquinas. Ni siquiera es un bien escaso; solamente sufre reducciones de valor. El que un grupo crea eso de un solo individuo que vale 400 millones de dólares debe ser un aliciente en el sentido de que todo es posible.

Me he dado cuenta de que la mayoría —si no todos— los fenómenos de escasez son simplemente ideas preconcebidas. La empresa u organización que te convence de que existen cantidades limitadas de lo que sea que necesites o quieras —diamantes, petróleo, agua, aire puro, clima fresco, clima cálido, energía— produce en ti un sentimiento de urgencia, inspirando a que la gente apoye su causa.

Debes librarte del concepto de que el éxito puede restringirse. Al operar bajo esta noción perjudicará tu habilidad de crear éxito por ti mismo. Digamos que tú y yo luchamos por ganar un cliente y me quedo con el negocio. Esto no significa que no puedas ser exitoso; no es el único cliente. El ser dependiente de una sola cosa o persona para tener éxito limitará tus probabilidades. Aunque tú y yo compitamos por este contrato específico, el señor Piensa en Grande, el que no sabe de escasez, gana miles de clientes y nos enseña la verdadera definición de éxito.

Para superar el mito de la escasez, cambia tu pensamiento para darte cuenta de que los logros de otros en realidad crean oportunidades para que ganes también. El éxito para cualquier persona o grupo es, en última instancia, una contribución positiva para todas las personas y todos los grupos, ya que valida las posibilidades de todos. Por eso la gente se siente tan inspirada cuando es testigo de alguna gran victoria o actuación. Ver el éxito en acción nos anima a todos y reduce nuestra idea de que es imposible lograr algo así. Ya sea que el éxito consista en una nueva tecnología, en un descubrimiento médico, en una calificación más alta, en un tiempo más rápido o en un nuevo precio récord para una adquisición empresarial —y sin importar si participaste o no en el asunto—, estos logros confirman que el éxito no escasea y es enteramente posible para cualquiera.

Borra cualquier concepto de que el éxito se limita a algunos y en cantidades determinadas. Tú y yo podemos lograr cuanto queramos, y al mismo tiempo. En el momento en que piensas que la ganancia de otro es tu pérdida, te limitas en términos de competencia y escasez. Esta es la oportunidad de educar tu pensamiento para que esté a la par de cualquier éxito, con posibilidades incluso mayores. Luego, vuelve a tu compromiso de considerar el éxito como tu deber ético. Esto motivará tus facultades más creativas para encontrar la solución y la manera de crear éxito original en abundancia.

Ejercicio

Escribe un ejemplo de éxito escaso del que fuiste testigo.

_____

_____

_____

_____

¿Cómo se crea en realidad la supuesta escasez?

_____

_____

_____

_____

No hay escasez de éxito; si hay algo realmente escaso, escríbelo a continuación.

_____

_____

_____

_____

6

Asume el control de todo

Pensaba titular este capítulo como «No seas un bebé llorón», pero decidí no ofender a nadie. Pensé en este título desde la publicación de mi último libro *Si no eres el primero, eres el último*; me gusta y he intentado aplicarlo a algo. Me parecía perfecto para este capítulo, puesto que su propósito es discutir la idea de que los llorones, los quejicas y las víctimas no atraen ni crean éxito. La gente exitosa asume la necesidad de actuar a lo grande, y es imposible hacerlo si no asumes la responsabilidad. Asimismo, es imposible hacer algo positivo cuando te pasas el rato inventando excusas.

Debes entender —como he afirmado en varias ocasiones— que el éxito no te sucede: es algo que llega gracias a ti y a las acciones realizadas. La gente que no asume responsabilidades generalmente no es buena para actuar, y, consecuentemente, tampoco para el juego del éxito. La gente exitosa acepta grandes niveles de responsabilidad por tener y crear éxito personalmente, hasta cuando fracasa en el intento. La gente exitosa odia el juego de la culpa y sabe que es mejor hacer que algo suceda —bueno o malo— a esperar a que suceda.

Los que sufren por considerarse víctimas —estimo que cerca del 50 por ciento de la población— odiarán este capítulo y probablemente hayan elegido este libro por error. Cualquiera que emplea la culpa para justificar algo que pasó o no pasó nunca acumulará éxito real en la vida y solo perpetuará su estatus de esclavo en este planeta. Los que dan el control sobre su éxito —o falta de él— a otro nunca controlarán sus propias vidas. Ningún juego en la vida se puede disfrutar verdaderamente sin aceptar primero el control sobre tu comprensión de este cómo jugarlo y su resultado. La gente que asume la posición de víctima nunca estará segura, porque delega la responsabilidad en otro y nunca sabe qué hacer. Por lo tanto, nunca asume la responsabilidad de los resultados y se dice: «Soy una víctima; me pasan cosas malas con regularidad y no puedo hacer nada para arreglarlo».

Para llegar a lo que quieres en la vida, adopta la idea de que pase lo que pase en tu mundo —bueno, malo o ninguna de las dos— es causado por ti. Yo asumo el control de todo lo que me pasa, incluso de aquello que parece que no puedo controlar. Independientemente de si tengo o no el control, elijo asumir la responsabilidad y la parte de control que me sea posible para hacer algo que mejore mi situación y seguir adelante. Si, por ejemplo, se va la luz en mi vecindario, en lugar de culpar al ayuntamiento o al Estado por los apagones, veo si puedo hacer algo para no verme afectado negativamente la siguiente ocasión que eso suceda. No confundas esto con una necesidad compulsiva por controlar; más bien se trata de una responsabilidad de alto nivel, una sensación saludable que genera soluciones. La realidad es que yo no tenía nada que ver con el apagón; pudo deberse a que demasiada gente usaba la electricidad al mismo tiempo, a las olas de calor, al clima, a un terremoto o a la rotura de un transformador. Yo pagué mi recibo a tiempo y ahora no tengo electricidad ni calefacción, y no puedo hervir agua, refrigerar alimentos o utilizar mis ordenadores. Culpar no cambiará ninguna de esas situaciones y, dado que el éxito es mi obligación, deber y responsabilidad, es difícil para mí dejar toda la responsabilidad al Estado. Es complicado considerarte exitoso si no tienes luz, calor o alimentos en buen estado. Cuando asumo e incremento mi responsabilidad por esta situación, quizá doy con una solución para seguir adelante. Probablemente ya has pensado en alguna. Esto no me sucede solo porque se fue la luz, sino porque no tengo un generador propio. No fue mala suerte ni mala planificación, sino resultado de dejar la responsabilidad a alguien más. No seas vago, consigue un generador. Pero ¡los generadores cuestan dinero! No tanto como estar sin electricidad tres días sin cuidar de tu familia. Una vez que tomes el control y aumentes tu responsabilidad, encontrarás soluciones exitosas que mejorarán tu vida.

Asume el control y aumenta la responsabilidad mediante la actitud de hacer que sucedan las cosas, incluso las que consideres fuera de tu control. Nunca asumas la postura de que las cosas simplemente te pasan; más bien te suceden por algo que hiciste o dejaste de hacer. Si asumes el crédito cuando ganas, también hazlo cuando no es así. Aumentar tu nivel de responsabilidad incrementará tu habilidad para hallar soluciones y crear más éxito por ti mismo. Al culpar a alguien o algo solo te haces víctima y esclavo más tiempo. Asumir el control hará que veas lo que puedes hacer para asegurarte de que no ocurran sucesos negativos, mejorar tu calidad de vida y reducir la incidencia de acontecimientos desafortunados aparentemente azarosos.

Digamos que alguien choca con tu coche por detrás. Está claro que la culpa es de esa persona. Aunque estaré molesto con él o ella, lo último que deseo es asumir la posición de víctima. ¡Qué horror! «Mira lo que me ha pasado. Ay, pobre de mí. Soy una víctima». ¿Pondrías algo así en tu tarjeta de presentación o harías una campaña de televisión afirmando esto ante el público para ganarte el respeto y la atención? ¡Claro que no! Nunca asumas la posición de víctima una vez que decidas crear una vida llena de éxito. Mejor, piensa en cómo reducir las probabilidades de sufrir inconvenientes, como cuando alguien choca con tu coche por detrás.

La Regla 10X se refiere a las enormes cantidades de acción realizadas en el tiempo. Para que sucedan más cosas buenas y con mayor regularidad, no actúes como víctima. Las cosas buenas no les suceden a las víctimas, les suceden las malas —con bastante frecuencia—, y si quieres una prueba solo pregúntales. Quienes adoptan la posición de víctimas hablarán sin parar sobre su completa falta de responsabilidad en relación con la mala fortuna y sus rachas de mala suerte, esas que parecen caerles una y otra vez a lo largo de sus vidas. Existen cuatro constantes en la vida de una víctima: 1) le suceden cosas malas, 2) le suceden cosas malas con regularidad, 3) siempre está involucrada, y 4) alguien o algo tiene la culpa.

La gente exitosa adopta la actitud contraria, y tú debes hacer lo mismo. Todo lo que sucede en tu vida es resultado de tu propia responsabilidad, no de alguna fuerza externa. Esto hará que comiences a superar la situación y asumir el control para que no te «sucedan» cosas malas en el futuro. Pregúntate lo siguiente después de todo encuentro o suceso desagradable: «¿Qué puedo hacer para reducir las posibilidades de que esto suceda de nuevo o incluso asegurarme de que no vuelva a pasar?». Volviendo al ejemplo de que te den un golpe por detrás, hay muchas maneras de prevenir que un conductor distraído lo haga. Contratar un chófer, salir antes o después, cerrar el trato la semana anterior, conducir por una ruta distinta o ser tan importante que tus clientes te lleven a ti en lugar de tú llevarlos.

Permíteme cambiar tu pensamiento un poco más antes de seguir adelante. Muchos están de acuerdo con que se atraen las cosas y a la gente a las que se les presta más atención. Puede que muchos otros reconozcan que apenas han aprovechado una fracción de su entendimiento y de su capacidad mental. Entonces ¿existió alguna posibilidad de tomar antes del suceso una decisión de la que no podrías ser consciente, con lo que, en cierto modo, creaste ese accidente para tener algo que culpar en tu vida? ¡Si existe la más remota posibilidad, vale la pena investigarlo! Entiende que debías estar en ese sitio en el momento exacto para intervenir en el accidente. Muchas otras personas no estuvieron involucradas, tú sí. Saliste de casa para encontrarte con alguien a cientos de calles de distancia, de modo que coincidisteis en el mismo punto y momento precisos, ubicándote justo ante esa persona descuidada que se estampó contra tu coche. Cuando le suceden cosas malas a gente buena, te aseguro que tiene más que ver en comparación con la responsabilidad que asume.

Si hubieras salido de casa unos momentos antes, hubieras evitado el supuesto accidente. De conducir a otra velocidad, nunca se habría producido el choque. De virar en otra calle, tampoco. ¿Suena muy descabellado? ¿Fue un accidente y solo mala suerte? Tal vez seas una víctima destinada a tener mala fortuna en la vida. Cuando el universo te agrede y las cosas no mejoran, considera la posibilidad de que las cosas no solo te pasen por suerte y coincidencia, sino que tengas algo que ver con lo que sucede; de no ser así, no te verías involucrado. Recuerda: aunque te pase a ti, ocurre por tu culpa. Aunque no aceptes la responsabilidad por el accidente en el atestado de la policía, la realidad es que la aseguradora aplicará una penalización sin importar quién sea culpable. Ten en mente una cosa: cada vez que juegas a la víctima para «tener la razón», asumes el papel de víctima y eso no es bueno. Mientras una persona se hace la víctima, él o ella es incapaz de crear soluciones y éxito. Esa persona solo tiene problemas.

Una vez que abordas cada situación como alguien que actúa, no como alguien al que utilizan, tendrás más control sobre tu vida. Tener (o no tener) éxito, creo, es resultado directo de todo lo que haces y piensas. Tú eres la fuente, el generador, el origen y la razón de todo lo positivo y lo negativo. Esto no pretende simplificar el concepto del éxito, por supuesto, pero hasta que decidas ser responsable de todo, lo más probable es que no realices las acciones necesarias para situarte por encima del juego. Sin embargo, si quieres tenerlo todo, asume la responsabilidad por todo. De no ser así, desperdiciarás mucha energía potencial 10X con excusas y sin ganancias. Es un mito y una falsedad pensar que el éxito solo les sucede a algunas personas. Sé que la forma de actuar que aconsejo funciona, porque la utilizo para acumular mi propio éxito. No crecí en un hogar especialmente privilegiado ni tuve relaciones con la gente supuestamente adecuada. No me dieron dinero para poner en marcha mis empresas y no estoy mucho más dotado que la media. Aun así he acumulado éxito financiero, físico, espiritual y emocional más allá del que la mayoría de la gente esperaba porque actué a nivel masivo, asumiendo el control y la responsabilidad de cada resultado. Se trate de una gripe, de un dolor de estómago, la avería del coche, un robo de mi dinero, la rotura de mi ordenador o incluso de un apagón eléctrico, asumo el control y la responsabilidad.

Hasta que en realidad creí que nada me sucede, sino que sucede debido a mí no operé a niveles 10X. Alguien dijo una vez: «No importa a dónde voy, ahí estoy». Este pequeño dicho me sugirió que soy el problema y la solución. Este modo de ver las cosas me dio la posibilidad de ser la causa de los resultados de mi vida más que una víctima de ellos. No me permití culpar a nadie ni recurrir a justificaciones por las cosas difíciles que me encontraba. Empecé a creer que, aunque no siempre tenía yo la palabra respecto a lo que me sucedía, podía elegir cómo responder a ello. El éxito no solo es un «viaje», como sugieren incontables personas y libros; más bien es un estado, constante o no, sobre el cual tengo control y responsabilidad. O creas el éxito o no; no es para quejicas, llorones ni víctimas.

Indudablemente tienes dones y potencial que no has utilizado. Fuiste dotado con deseos de grandeza y eres consciente de que no hay escasez de éxito. Aumenta tu nivel de responsabilidad, asume el control de todo lo que te sucede y vive de acuerdo con la frase: «Nada te sucede, sino que sucede gracias a ti». Y recuerda: «No seas un bebé llorón».

Ejercicio

¿De qué te gustaría asumir el control en tu vida?

_____

_____

_____

_____

El éxito no es algo que te suceda, es algo que sucede ____

_____.

Escribe tres ejemplos en que haces que el éxito suceda, no que solo te suceda.

_____

_____

_____

_____

¿Cuáles son las cuatro constantes en la vida de la víctima?

_____

_____

_____

_____

7

Cuatro grados de acción

A lo largo de los años me han formulado varias veces la siguiente pregunta: «¿Exactamente cuánta acción es necesaria para crear el éxito?». No sorprende que todos busquen el atajo secreto, pero el tema es que no hay atajos. Cuanta más acción emprendas, más probabilidades de acertar. Las acciones disciplinadas y persistentes son el factor más determinante para crear éxito, mucho más que cualquier otra combinación. Entender cómo calcular y luego ejecutar la cantidad correcta de acción es más importante que tu concepto, idea, invención o plan de negocios.

La mayoría de la gente fracasa porque opera en el nivel erróneo de acción. Para simplificarlo, dividiremos tus opciones en cuatro categorías o grados de acción:

1. No hacer nada.
2. Retraerte.
3. Acción normal.
4. Acción masiva.

Antes de describirlas es importante entender que todos utilizamos las cuatro en algún momento de nuestras vidas y especialmente en respuesta a cuestiones vitales. Por ejemplo, puedes actuar masivamente en tu carrera, pero retraerte completamente cuando se trata de deberes cívicos y responsabilidades. Una persona podría no hacer nada cuando se trata de redes sociales; otra ejecutar niveles normales de acción al comer saludablemente y hacer ejercicio, para luego actuar masivamente cuando se trata de hábitos destructivos. Desde luego, alguien destacará y tendrá mejor desempeño en áreas en las que invierte más atención y actúa más.

Pero la mayoría de la gente pasa su tiempo en los primeros tres grados de acción: no haciendo nada, retrayéndose completamente u operando con niveles normales de actividad. Los primeros dos grados de acción (no hacer nada y retraerse) son la base del fracaso, y el tercero (los niveles normales de actividad) crea una existencia normal en el mejor de los casos. Solo la gente más exitosa ejerce el grado más alto de acción, que califico de masivo. Analicemos cada uno para ver qué significan y por qué podrías elegir cualquiera de ellos en varias situaciones y áreas de la vida.

El primer grado de acción

«No hacer nada» es exactamente lo que parece: no actuar para seguir adelante y aprender, lograr y controlar algún área. La gente que no hace nada en su carrera, en sus relaciones o en cualquier cosa quizá dio por perdidos sus sueños y está dispuesta a aceptar lo que se le cruce en el camino. A pesar de lo que pudieras pensar... ¡no asumas que no hacer nada no requiere de energía, esfuerzo y trabajo! Sin importar en qué nivel de acción operes, todos requieren trabajo. Los signos de que no haces nada incluyen aburrimiento, letargo, complacencia y falta de propósito. La gente de este grupo invierte su tiempo y energía en justificar su situación, lo que requiere de tanto trabajo como los otros grados.

Cuando la alarma se apaga por la mañana, el grupo de los

«no hacer nada» no responderá. Aunque parezca que no actúan, en verdad se requiere mucha energía para no levantarse por la mañana. Cuesta trabajo perder un empleo por falta de productividad. Se requiere trabajo para que te pasen por alto en una promoción, teniendo que esperar otro año para que te tengan en cuenta y luego ir a casa y explicárselo a tu esposa. Hace falta un tremendo esfuerzo para existir en este planeta como empleado poco apreciado y mal pagado e incluso más energía para darle sentido a ello. La persona que no actúa inventa excusas para justificar su condición; esto requiere de gran creatividad y esfuerzo. Los vendedores que no hacen nada y luego pierden más ventas de las que ganan deben explicarse a sí mismos, a sus esposas y a sus jefes por qué no cubren su cuota. También es interesante notar que quienes no hacen nada en un área de sus vidas encuentran algo que les gusta y pasan el tiempo haciéndolo, y eso requiere una cantidad masiva de acción. Puede ser el póquer en línea, los juegos de azar, el ciclismo, ver películas o leer libros. Sea lo que sea, algún área de su vida recibe toda su energía y atención. Los que no hacen nada insistirán a su familia y amigos en que están felices y contentos y todo está bien, lo que causará confusión porque es evidente que no viven con todo su potencial.

El segundo grado de acción

Los «retraídos» actúan en marcha atrás, quizá para evitar las experiencias negativas de actuar. Quienes se retraen personifican el fenómeno del «temor al éxito». Él o ella no ha obtenido resultados fructíferos (o no lo percibió como tales) y, por lo tanto, elude actuar para que no suceda de nuevo. Al igual que los «no hago nada», los que se retraen justifican sus respuestas y creen que su mejor opción es seguir como hasta ahora.

Quienes se retraen dicen hacerlo para evitar más rechazo y/o fracaso; casi nunca es el *verdadero* rechazo o fracaso lo que los impactó. Por lo general, su impresión y evaluación de lo que el fracaso significa es lo que los lleva a retraerse.

Igual que no hacer nada, retraerse es una acción que requiere esfuerzo y trabajo duro. Observa a cualquier niño/a y verás que no es una conducta humana normal retraerse, sino más bien avanzar y conquistar. Por lo común, esta reacción resulta de recibir de modo constante la indicación de hacerlo. Durante la infancia, muchos recibimos instrucciones de no tocar, tener cuidado, no hablarle a determinada persona, alejarse de tal o cual y demás: terminamos por adoptar el retraimiento como acción. Tendemos a alejarnos de las cosas que más curiosidad nos inspiran. Aunque suele ser por nuestro propio bien y supuestamente para mantenernos seguros, será difícil salir de esos años de contención; es la razón de por qué nos cuesta tanto trabajo probar cosas nuevas en la vida. Incluso puede alentarnos al retraimiento algún socio, amigo o familiar que nos considera «demasiado ambiciosos» o concentrados en un área de nuestra vida.

No importan las razones por las que quienes se retraen se mueven en la dirección opuesta a sus metas, el resultado es siempre el mismo. Imagino que si lees esto conoces a alguien que se retrae y tal vez puedas darte cuenta de tu propio retraimiento en algún área de tu vida. Cualquier área en la que asumiste que ya no puedes avanzar y mejorar podría considerarse como zona de retraimiento. «La bolsa de valores cae; nunca volveré a invertir»: retraimiento. «La mayoría de los matrimonios fracasan; mejor me quedo soltero»: retraimiento. «El negocio de la actuación es muy difícil; mejor seré camarero el resto de mi vida»: retraimiento. «El mercado laboral está fatal; nadie contrata. Pediré mi seguro de desempleo»: retraimiento. «No puedo controlar el resultado de la elección, así que no me molestaré en votar»: ¡retraimiento! Y fíjate en lo que estos escenarios tienen en común: todos requieren que se emprenda algún tipo de acción, incluso si solo se trata de tomar una decisión.

Los que se retraen pasan mucho tiempo explicando por qué lo hacen. Por lo general, hay muy pocas discusiones con estos individuos, puesto que ya se han convencido de que hacen lo necesario para sobrevivir. Luego invertirán mucha energía justificando su decisión de retraerse, tanta como otros para crear éxito. Lo mejor con esas personas es darles este libro para que se identifiquen con su grupo. Una vez que vean los cuatro grados de acción y se den cuenta de que todos requieren de energía, puede que prueben suerte en otro grupo más saludable. Después de todo, si haces el esfuerzo, ¿por qué no hacerlo en la dirección del éxito?

El tercer grado de la acción

La gente que realiza niveles normales de actividad es quizá la que predomina en nuestra sociedad. Este es el grupo que parece llevar a cabo las cantidades necesarias de acción siendo «normal». Es el nivel de acción que crea a la clase media y el más peligroso, porque se considera aceptable. La gente que pertenece a este grupo pasa su vida actuando lo suficiente para tener vidas, matrimonios y carreras normales; sin embargo, nunca hace lo suficiente para crear verdadero éxito. Y la mayoría de la fuerza de trabajo realiza cantidades normales de acción; me refiero a gerentes, ejecutivos y empresas que se pierden más que destacar. Aunque algunos de sus miembros intentan generar una calidad excepcional, casi nunca crean nada en cantidades excepcionales. La meta en este caso son matrimonios, salud, carreras y finanzas promedio. Siempre que el promedio funcione, va bien. No causan problemas a los demás o a sí mismos siempre y cuando las condiciones permanezcan estables y predecibles.

No obstante, en cuanto las condiciones del mercado reciben un impacto negativo y son inferiores al promedio, esta gente de pronto entra en riesgo. Si añades cualquier cambio serio a las condiciones en que la gente emprende solo acciones «normales» —lo que ciertamente sucederá en algún momento—, todas las apuestas desaparecen. No es raro encontrar situaciones que ponen en riesgo la vida, la carrera, el matrimonio, negocio o las finanzas de una persona. Cuando solo realizas la cantidad suficiente de acción, eres aún más susceptible a los cambios que se interpondrán en tu camino. Cualquier serie de sucesos ordinarios, de condiciones financieras o experiencias estresantes echará por tierra una vida de niveles típicamente «aceptables» de acción, dando como resultado un nivel serio de tensión, incertidumbre y dolor.

Promedio, por definición, es «menos que extraordinario». En realidad, en una u otra medida, se trata solamente de otra descripción del retraimiento y la no acción. E incluso tiene en consideración los efectos espirituales negativos que se presentan cuando una persona conoce su verdadero potencial para la acción, operando después muy por debajo de lo que él o ella es capaz. Alguien que emprende acciones promedio siendo capaz de mucho más en realidad elige una variante de no hacer nada o del retraimiento.

Sé honesto contigo mismo: ¿dispones de más energía y creatividad de la que utilizas? El estudiante promedio, el matrimonio promedio, los hijos promedio, las finanzas promedio, los negocios promedio, los productos promedio, el tipo de cuerpo promedio... ¿Quién quiere eso? Imagina que los productos y servicios que compramos usaran la palabra «promedio» en su publicidad: «Este producto promedio puede encontrarse a un precio promedio y brinda resultados mediocres». ¿Quién compraría un producto así? La gente ciertamente no se esfuerza para encontrar y pagar mercancía media. «Ofrecemos clases de cocina que te garantizarán convertirte en un cocinero promedio». Puedo hacer eso ahora sin necesidad de tomar clases. «Estreno cinematográfico este fin de semana, con un director promedio, actuación promedio. La crítica dice: "Dos horas de acción promedio"». ¡No puedo esperar para comprar entradas para esa película!

Actuar normalmente constituye el más peligroso de los niveles porque es el más aceptado por la sociedad. Este nivel de acción está autorizado por las masas; la gente que realiza acciones normales no llama la atención en el grado necesario para ser lanzada al éxito. Las empresas me llaman constantemente para ayudar a los individuos de bajo rendimiento de sus organizaciones, pero pasan por alto las actuaciones promedio e incluso a quienes están por encima del promedio aunque solo mediante acciones promedio. Lo más probable es que este libro «despierte» a quienes actúan en grado normal y no a quienes no hacen nada o se retraen, dado que quienes no actúan ni siquiera se molestarán en comprar el libro y los retraídos no se acercarán a una librería. La gente que actúa normalmente comprará el libro y saldrá del hechizo. Pasar del tercer al cuarto grado de acción es la única manera de que una persona pase de una existencia promedio a una vida excepcional.

El cuarto grado: acción masiva

Aunque parezca exagerado, la acción masiva es el estado de acción más natural para todos. Mira a los niños: están en acción constante, excepto cuando algo va mal. Esto sin duda es lo que me pasó durante los primeros diez años de vida. Todo era acción masiva continua, excepto cuando dormía. Como la mayoría de los niños, estaba a tope todo el tiempo; la gente me miraba frunciendo el ceño, pensando que debía bajar mi actividad. ¿Te sucedió eso? ¿Lo has hecho con tus propios hijos?

Hasta que los adultos me aconsejaron lo contrario, no conocí otra cosa que no fuera la acción masiva. Incluso los elementos más básicos del universo experimentan cantidades masivas de acción. Bucea bajo la superficie del océano y verás una actividad constante. Bajo la corteza del planeta en que caminas, hay un tremendo movimiento que jamás se detiene. Mira dentro de un hormiguero o en una colmena y verás a colonias de seres vivos generando cantidades masivas de acción para asegurar su supervivencia. En ninguna parte de estos ambientes hay signos de retraimiento, falta de acción, ni nada parecido a niveles normales de actividad.

Mi padre era muy trabajador y tendía a ser intensamente disciplinado cuando emprendía acción masiva. Pero murió cuando yo tenía diez años, lo que me afectó muchísimo. Ahora pienso en ese tiempo y me doy cuenta de que eso me retrajo en áreas de mi vida en que necesitaba actuar. Entretanto, gastaba mucha energía en áreas que no debían recibir mi atención: drogas, alcohol y toda una lista de actividades inútiles. Esto se prolongó durante la secundaria y hasta la universidad, con algunas pérdidas más experimentadas a lo largo del camino. Seguí retrayéndome de cosas buenas para mí y me concentré en las zonas más destructivas. No necesariamente era perezoso ni me faltaba motivación; simplemente no tenía la dirección apropiada y estaba mal informado respecto a cómo abordar la vida.

Pasé la mayor parte de ese tiempo aburrido, sin un propósito y centrándome en áreas de mi vida en las que gastaba mucha de mi energía pero sin resultados constructivos. Creo que es algo que la mayoría padece en algún momento de su vida; en mi caso, llegó pronto.

Como mencioné en un capítulo previo, experimenté una llamada de atención importante a la edad de veinticinco años. Sabía que debía cambiar mi rumbo o pagaría un alto precio. Tomé la decisión de comprometerme con la creación del éxito. Dado que ya trabajaba duro sin gozar de él, solo cambié el enfoque. A pesar de que mi padre llevaba diez años fallecido, seguía siendo un gran modelo para mí. Creía en una fuerte ética de trabajo, estaba dispuesto a hacer lo que fuera para proveer a su familia y fue tras el éxito como si fuera su deber. Estoy seguro de que disfrutó de las recompensas económicas y del sentimiento de logro personal; sin embargo, también estaba claro que pensaba que era su responsabilidad con su familia, su iglesia, su nombre y hasta con Dios. ¡Se le acabó el tiempo!

Cuando finalmente desperté de mi periodo de confusión y mala información, comprometí toda mi energía en mi carrera. Desde los veinticinco años, lo único que siempre he hecho bien —fuera mi primer trabajo de ventas o la primera empresa que fundé— ha sido afrontar cualquier tarea que se presentara ante mí con cantidades masivas de acción. Nunca pertenecí a los grupos de la no acción, del retraimiento o de la acción normal; el ataque para perseguir el objetivo ha sido constante, persistente e inmenso. La acción masiva es en realidad el nivel de acción que crea nuevos problemas, y cuando creas problemas operas en la cuarta etapa de la acción. Cuando empecé con mi negocio de seminarios a los veintinueve años, usé la Regla 10X para hacerme un nombre. Mi día empezaba a las siete de la mañana y no regresaba a mi hotel hasta las nueve de la noche. Pasaba las horas llamando a empresas y ofreciendo presentaciones a sus equipos de ventas y administración. Llegué a visitar hasta cuarenta organizaciones en un solo día. Me acuerdo de lo que sucedió en El Paso, Texas, una ciudad en la que nunca había estado, no conocía a nadie y nadie me conocía a mí. En dos semanas visité todos los negocios de ese mercado. Aunque no logré convertir a todos en clientes, conseguí más negocios al emprender una acción masiva de los que hubiera conseguido de otra manera.

Un agente inmobiliario viajó conmigo para observar de primera mano cómo hacía crecer mi negocio. Después de tres días admitió lo siguiente: «No hay manera de que pueda hacer esto un día más. Solo de acompañarte me siento exhausto». Vivía cada día como si dependiera de mis acciones. No me permitía dejar la ciudad sin estar seguro de hacer todo lo posible para reunirme con todos los dueños de negocios. «Visitar» las empresas sin cita previa me enseñó más de la acción masiva que cualquier otra actividad y también resultó ser una tarea valiosa en mis otras aventuras de negocios.

Cuando emprendes una acción masiva, no piensas en términos de cuántas horas trabajas. Si operas en el cuarto nivel de acción, tu mentalidad cambiará y lo mismo tus resultados. Terminarás provocando oportunidades que atenderás tarde o temprano y de manera distinta a un día «normal», así que los días rutinarios se convertirán en pasado. Continué con este compromiso de la acción masiva hasta que un día ya no fue una actividad inusual, sino un hábito. Era interesante ver cuánta gente me preguntaba: «¿Por qué sigues de visita tan tarde por la noche?», «¿Por qué nos llamas en sábado?», «Nunca te das por vencido, ¿no?», «Me gustaría que mi gente trabajara así». Incluso alguien me preguntó si «tomaba algo». Más bien traía algo entre manos: trataba el éxito como si fuera mi deber, obligación y responsabilidad, y la acción masiva era mi as bajo la manga. Entre las señales de que emprendes acción masiva está que la gente comente sobre ti y admire tu nivel de actividad.

Sin embargo, no pienses en términos de cumplidos, de cuántas horas trabajas o teniendo como referencia el dinero que ganas cuando operas en este nivel. Más bien considera cada día como si tu vida y tu futuro dependieran de tu habilidad de actuar masivamente. Cuando comencé con mi primer negocio, tenía que hacerlo funcionar; ¡simplemente no había otra! Si quería que la gente supiera de mí y lo que representaba, tenía mucho que hacer. Punto. El problema no era la competencia, sino la ignorancia. Nadie sabía quién era yo. Este ha sido el problema específico más importante en todos mis negocios e imagino que es uno con los que más se enfrentan los emprendedores. La gente no te conoce ni sabe de tu nuevo producto; la única manera de acabar con la ignorancia es actuando masivamente. No tenía dinero para invertir en publicidad, de modo que gasté toda mi energía en llamadas telefónicas, correo tradicional, electrónico, llamadas aleatorias, devolución de llamadas, visitas y más llamadas. Este nivel de acción masiva parece —y lo es— muy cansado en ocasiones. Sin embargo, crea más certidumbre y seguridad para ti que cualquier otra educación o entrenamiento que recibas.

Me han dicho de todo debido a mi compromiso con la acción: que soy *workaholic*, obsesivo, avaro, insatisfecho, necio y hasta maniático. No obstante, siempre que me etiquetan así lo hace alguien que opera en niveles inferiores al cuarto grado de acción. Nunca he encontrado a alguien más exitoso que yo que considere mi acción excesiva mala, porque la gente exitosa sabe de primera mano lo que se requiere para lograr esto. Ellos mismos saben cómo llegar adonde quieren ir y de ninguna manera definirían la acción masiva como indeseable. Emprender acción masiva significa tomar decisiones algo irracionales y luego seguirlas con más acción todavía. Este nivel será considerado por algunos como cercano a la locura, muy por encima de la norma socialmente aceptada, que siempre crea nuevos problemas. Pero recuerda: sin crear nuevos problemas, no actúas lo suficiente.

También te criticarán cuando actúes masivamente. En cuanto la hagas en grande, los mediocres te juzgarán. La gente que opera en los otros tres niveles se verá amenazada por tu actividad y tratará de hacerlo parecer algo «erróneo», de modo que su forma de actuar quede como correcta. Estas personas no pueden ver a los demás teniendo éxito y harán todo lo posible para detenerlos. Mientras que una persona sana tratará de igualarte, una mediocre te dirá que desperdicias el tiempo, que eso no funcionará en tu industria, molestará a tus clientes, nadie querrá trabajar contigo y demás. Incluso hay directivos que desalientan a los empleados a adoptar este esfuerzo sustancial. Sabrás que estás adentrándote en el reino de la actividad masiva cuando: 1) crees nuevos problemas para ti y 2) recibas críticas y advertencias de los demás. Pero mantente fuerte. Esta actividad te sacará del estado hipnótico de mediocridad que te enseñaron a aceptar.

Y para desempeñarte a ese nivel de actividad masiva, aprovecha cada oportunidad. Por ejemplo, mi esposa es actriz. Le aconsejo siempre decir sí a toda audición, sin importar si está preparada o no para el papel. ¡Es mejor hacerlo mal y ser visto que no ser visto! «Pero ¿y si lo hago muy mal y me quemo?», pregunta mi esposa. Yo le digo: «Hollywood está lleno de malos actores que de algún modo siguen trabajando». Puede que no te elijan para el papel para el que ibas, pero quizá resultes perfecta para otro. El objetivo es que te vean, que piensen en ti y te consideren, de una forma u otra. Tu único problema es que no te conozcan, no el talento. Para que la actividad que elegiste funcione para ti, realiza un esfuerzo constante, implacable. La acción masiva nunca te dañará y sí te ayudará. Este es otro caso en que la cantidad es más importante que la calidad. El dinero y el poder siguen a la atención, así que la persona que más llame la atención se queda con la mayor parte de la acción y tarde o temprano obtendrá más resultados.

Nadie irá a tu casa para convertir tus sueños en realidad. Nadie entrará en tu empresa para ofrecerte dar a conocer tus productos en el mundo. Para sobresalir entre la multitud y para que los clientes consideren tus productos, servicios y organización, actúa masivamente. Hablé de la importancia de la dominación en mi último libro, *Si no eres el primero, eres el último*. No aludía a la dominación física, sino a ocupar mentalmente el espacio del público, de modo que cuando la gente piense en tu producto, servicio o sector, piense en *ti*. Hacer de la acción masiva una disciplina romperá con la ignorancia, incrementará tu valor en el mercado y te generará éxito en cualquier área.

Ejercicio

¿En qué momento de tu vida actuaste masivamente y ganaste?

_____

_____

_____

_____

¿Qué crearás justo después de actuar masivamente?

_____

_____

_____

_____

¿Qué esperas escuchar de quienes no actúan masivamente?

_____

_____

_____

_____

¿Qué cosas suceden cuando realizas acción masiva?

_____

_____

_____

_____

8

El promedio es una fórmula fallida

Mira a tu alrededor y verás un mundo lleno de cosas promedio. Aunque este es, como ya he dicho, el nivel «aceptable» de actividad sobre el que se construye la clase media, crece la evidencia de que es inoperante. Los empleos se van a otras latitudes y el desempleo predomina. Los miembros de la clase media son incapaces de sacar la cabeza del agua, la gente dura más que sus ahorros y compañías y sectores enteros desaparecen como resultado de productos promedio, administración promedio, trabajadores promedio, acciones promedio y pensamiento promedio.

Esta «adicción al promedio» acaba con la posibilidad de que tus sueños se hagan realidad. Considera las siguientes estadísticas: el trabajador promedio lee menos de un libro al año y trabaja en promedio 37,5 horas a la semana. Esta misma persona gana 319 veces menos dinero que los mejores directores generales de Estados Unidos, quienes dicen leer más de sesenta libros al año. Muchos de estos ejecutivos financieramente exitosos son criticados por las altas sumas de dinero que ganan; sin embargo, ignoramos lo que estas personas han hecho para llegar adonde están. Aunque no siempre parece que trabajen muy duro, pasamos por alto que de algún modo se las arreglaron para asistir a las escuelas correctas, realizaron las conexiones indicadas e hicieron lo necesario para ascender en la cadena alimenticia. Todo requirió de acción sustancial por su parte. Puedes sentirte resentido con ellos si quieres, pero eso no cambia que son recompensados por el éxito logrado.

Después de que la economía colapsase en 2008, el fundador de Starbucks, Howard Schultz, hizo lo que casi todos los otros directores generales de Estados Unidos: recortar gastos y librarse de las sucursales que no funcionaban bien. Entonces hizo algo que la mayoría de los directores generales no previeron: viajó por todo el país para encontrarse con los clientes de la empresa. Mucho después de que el trabajador promedio se marchase a casa, el multimillonario Schultz visitaba sus tiendas y se encontraba con los clientes para descubrir cómo satisfacerlos mejor. Aunque los medios no dieron cuenta de esto, se trataba de una actitud destacada. Ahí estaba un tipo cruzando el país a las nueve de la noche para obtener retroalimentación de la gente que compraba sus productos. Es un excelente ejemplo de cómo abrazar un pensamiento y un proceso de actuación superiores al promedio. Esto claramente supera lo esperado por el mercado y por cualquier cliente. Excedió por mucho cualquier acción considerada como lugar común para un director general, y el sólido y fuerte crecimiento de Starbucks se vio reflejado en las gráficas del precio de las acciones.

Esta compañía hace un producto que la gente no necesita en absoluto, sobre todo durante épocas de problemas económicos. Aun así, Starbucks sigue vendiendo y crece tanto en cuestiones de marca como en el retorno que ofrece a los inversores. Esto demuestra que, aunque la calidad del producto es muy importante, los individuos que trabajan para una organización son la fuerza que marca la diferencia. Schultz sabía exactamente cómo afrontar la situación. A pesar de la crisis, de la recesión temporal, se las arregló para expandir su organización, no necesariamente con más locales, sino usando su energía personal, sus recursos y su creatividad para emprender acción masiva, cambiando cosas en cada una de sus tiendas y muchos de sus patrones, incrementando la presencia de su marca y las ganancias. Cualquier actividad que incluya la aceptación del promedio fracasará tarde o temprano. Todo lo que se realiza en cantidades estándar simplemente no sirve para el trabajo. Los niveles normales de acción de la mayoría de la gente fallan al no tener en cuenta los efectos de varias fuerzas, como la gravedad, la edad, la resistencia, el tiempo y lo inesperado. Cuando las acciones promedio se encuentran con cualquier resistencia, competencia, pérdida o falta de interés, con condiciones de mercado negativas o difíciles o con todos estos problemas juntos, tu proyecto cae.

Finalmente, quiero que tengas en consideración los esfuerzos de individuos y grupos que obstaculizan los tuyos. Aunque no pretendo ser paranoico o vivir con miedo, aprendí la dura lección de que esta gente existe cuando se me acercó un grupo que decía quererme como socio, pero que desde el principio quería robarme el éxito que yo había creado. Nunca tuve en cuenta esto en ninguna de mis ecuaciones y literalmente me robaron años de esfuerzo. Así que tómalo de mí: no puedes planearlo todo y habrá gente que tratará de quitarte lo que no consiga por sí misma.

Cuando miro atrás y analizo lo sucedido con estos criminales, me doy cuenta de que me dejé seducir porque no operaba a niveles 10X. Esto realmente me abrió los ojos al hecho de que, en cuanto me dormí en los laureles pensando que podía relajarme un poco, me convertí en objetivo. Es casi imposible planear todas las situaciones. En tu vida, experimentarás condiciones extraordinarias, algunas serán hostiles y desagradables. La mejor manera de planificar es condicionar tu pensamiento y tus acciones a los niveles 10X. ¡Ten tanto éxito que ninguna persona, suceso o problema te destruya! Los niveles promedio de lo que sea te fallarán o, al menos, te pondrán en riesgo. Por otra parte, si creas más éxito del que quieres o necesitas, siempre estarás preparado; incluso cuando quienes no lo hacen por sí mismos intenten robártelo.

Aunque experimenté años de éxito en niveles que otros consideraron impresionantes, mi corazón sabía que me alejaba de la acción masiva. Esos tipos decidieron quitarme algo de mi éxito y se salieron con la suya. Fue un contratiempo costoso y humillante, pero hizo que me diera cuenta de que nunca se está tan seguro como para volver a los niveles «normales» de implicación y actividad. Una vez que lo haces, te lo aseguro, lo que tienes y soñaste desaparece. Esto es cierto en tu salud, matrimonio, riqueza y condición espiritual. Lo normal te lleva a eso, a lo normal.

Mira lo que conseguirás con pensamientos y acciones promedio: problemas promedio que rápidamente se convertirán en abrumadores. ¿Y si vives veinte años más que tus ahorros? Muchos cuidaremos de familiares que no tuvieron una mentalidad 10X o no operaron a niveles 10X. ¿Qué hay de problemas de salud a largo plazo o alguna emergencia económica no prevista? ¿Qué les sucede a individuos que hacen planes financieros promedio cuando han de enfrentarse a largos periodos de dificultades económicas o décadas de desempleo? ¡El promedio es un plan fracasado!

El promedio no funciona en ningún área de la vida. Aquello a lo que dedicas cantidades promedio de atención menguará y desaparecerá. Las empresas, industrias, artistas, productos e individuos que son exitosos afrontaron cada actividad con la idea de que lo promedio simplemente no es suficiente. Necesitas cambiar tu compromiso y pensamiento para estar muy por encima de los conceptos promedio. Te aseguro que cuando lo hagas, influirás de inmediato en otras áreas de tu vida. Tus amigos y tu familia cambiarán, los resultados mejorarán y te descubrirás más afortunado cada vez, viviendo el tiempo de modo que pase volando; además, las acciones que emprendas mejorarán tu relación con la gente.

Lo promedio también determina que la mayoría de las empresas fracasen. Un par de personas se juntan, tienen una gran idea, elaboran un plan de trabajo, fundan una empresa y basan sus predicciones en que todo marchará a su favor. Puede que incluso creen lo que bien podríamos considerar proyecciones conservadoras. «Digamos que mostramos el producto a diez personas. Tenemos posibilidades de vender al menos tres de ellos. Eso es conservador y realista». Alguien dice: «Dividamos ese número por la mitad para estar especialmente seguros. ¿Podemos lograrlo?». Deciden que incluso a partir del plan más conservador serán exitosos. Pero no calculan correctamente a cuántas personas deberían llamar solo para realizar las primeras diez presentaciones. Hasta el producto más sorprendente requiere de cien llamadas para conseguir diez reuniones. Definir el siguiente paso del proyecto no significa que el resto del mundo esté ahí contigo. Ellos se han comprometido con sus agendas, productos y proyectos. La sola oportunidad de encontrarte con la gente indicada requerirá de un esfuerzo enorme y de persistencia. La mayoría construye planes de negocios basados en consideraciones y modos de pensar promedio, no en cantidades masivas de acción para seguir adelante.

Cuando las nuevas ideas se integran, se ven influidas por la emoción y el entusiasmo. Muchas consideraciones negativas, como la competencia, la economía, las condiciones del mercado, la fabricación, los préstamos, la recaudación de fondos, la preocupación de tus clientes por otros proyectos y demás, se clasifican dentro de lo que otros consideran dificultades normales o promedio. Entonces, cuando las proyecciones optimistas prueban ser poco realistas, hasta los objetivos más conservadores se pierden. Un socio puede enfermar, quizá ocurra un cambio significativo en las condiciones económicas o se registre un suceso global que acapare la atención de todo el mundo durante los siguientes seis meses. La gente involucrada en la nueva aventura pierde entusiasmo, se presentan los dimes y diretes y las cosas se ponen más difíciles de lo que se consideró originalmente. Así, el fracaso surge como una posibilidad real. Los socios gastan más dinero sin tener ingresos todavía. Uno de los soñadores tiene dudas y se plantea salirse del negocio, pues los participantes no parecen mental, emocional o físicamente preparados para asumir la acción masiva y vencer la resistencia del mercado. Siguiendo con este escenario, para resolver los problemas derivados de la falta de ingresos, los miembros del grupo consiguen préstamos o reúnen dinero entre sus amigos, y entonces se topan con mayor resistencia aún. Se dan cuenta de que será cada vez más difícil para la mayoría de la gente apostar a cantidades «irracionales» de acciones implacables 10X, necesarias para ver las cosas claramente y que no existían en el plan de negocios original. Los socios creen que su empresa depende más de conseguir dinero que de aumentar las acciones porque no estimaron correctamente el nivel 10X de pensamientos y acciones necesarias para funcionar. El promedio asume —incorrectamente, por supuesto— que todo irá de modo estable. La gente optimista sobrestima lo bien que funcionarán las cosas y subestima cuánta energía y esfuerzo se requerirá para empujarlas. Cualquiera que haya tenido éxito en los negocios apoyará este concepto. Pero no puedes entrenarte o prepararte para las cantidades normales de gravedad, resistencia, competencia y para las condiciones del mercado. No pienses promedio, piensa masivamente. Compara tus acciones con cargar una mochila de 500 kilos todos los días venciendo un viento de 65 kilómetros por hora, en una cuesta arriba con 20 grados de inclinación. ¡Prepárate para la acción masiva, sé persistente y ganarás!

La mayoría de los negocios fracasan porque no venden ideas, productos y servicios a precios lo bastante altos para sostener la compañía y financiar sus actividades. La empresa no obtiene suficiente retorno en cantidades grandes porque la gente con que la empresa se construyó —empleados, clientes, vendedores— también ejecuta solo cantidades normales de actividad.

Algo promedio nunca deriva en otra cosa que no sea algo promedio y, por lo general, termina rindiendo mucho menos. El pensamiento y las acciones promedio solo garantizan miseria, incertidumbre y fracaso. Líbrate de todo lo promedio, incluyendo el consejo que recibas y los amigos que conserves. ¿Suena muy duro? Recuerda que el éxito es tu deber, obligación y responsabilidad. Y puesto que no hay escasez de éxito, las limitaciones aparentes podrían resultar de pensar y actuar en niveles promedio. Líbrate de todos los conceptos promedio. Estudia lo que hace la gente promedio y prohíbete a ti y a tu equipo considerarlo como opción. Rodéate de pensadores y ejecutores excepcionales. Deja que tus amigos, familia y socios laborales sepan que para ti el promedio es una enfermedad terminal. Recuerda: nada promedio te llevará a una vida extraordinaria. Busca la palabra «promedio» y mira qué contiene para ti: lo típico, lo ordinario, lo común. Eso debe bastar para abandonar el concepto en todas tus consideraciones.

Ejercicio

Escribe los nombres de personas que conozcas que operan solo a niveles promedio.

_____

_____

_____

Describe tres ocasiones en tu vida en que acciones promedio causaron que te quedaras corto.

_____

_____

_____

Escribe el nombre de personas que sabes que son excepcionales y describe en qué se distinguen del promedio.

_____

_____

_____

Busca la definición de promedio (como adjetivo) y escríbela aquí.

_____

_____

_____

9

Metas 10X

Creo que una de las principales razones por las que la gente no persigue sus metas y falla en obtenerlas es que no las establece a la altura suficiente. He leído muchos libros con definiciones de objetivos y asistido a seminarios afines y constantemente veo que la gente establece metas que no persigue nunca o que abortan. Con frecuencia y regularidad nos advierten en contra de establecer «metas demasiado altas». La realidad es que si empiezas por lo pequeño, seguirás siendo pequeño. El fracaso de la gente al pensar en grande normalmente significa que nunca actuará con suficiente vigor o persistencia. Después de todo, ¿quién se emociona por las llamadas «metas realistas»? ¿Y quién se emociona por algo que, en el mejor de los casos, dará una recompensa promedio? Por eso la gente reduce sus proyectos cuando experimenta cualquier tipo de resistencia: sus metas no son suficientemente grandes. Para mantener tu entusiasmo, tus metas deben ser sustanciales y mantener tu atención. Las metas promedio y realistas son siempre una desilusión para quien las establece y es incapaz de impulsar sus pretensiones con las acciones necesarias.

Por supuesto, la mayoría es gente apática que solo escribe sobre sus objetivos una vez al año. En lo que a mí concierne, nada que valga la pena hacer se hace solamente una o dos veces al año. Las cosas de las que más depende tu vida se basan en acciones diarias. Por eso siempre me aseguro de hacer dos cosas: 1) escribo mis metas cada día y 2) elijo objetivos fuera de mi alcance. Esto me permite acceder a todo mi potencial, que uso para impulsar mis actos cada día. Algunas personas sugieren que el establecimiento de metas improbables hace que una persona se desilusione y pierda el interés. Pero si tus aspiraciones son tan pequeñas que ni siquiera necesitas reconsiderarlas a diario, ¡entonces perderás interés!

Es buena idea poner tus objetivos en palabras como ya cumplidos. Yo tengo un cuaderno de notas cerca de la cama para registrar mis metas a primera hora de la mañana y justo antes de dormir. También uno en mi oficina donde apunto mis objetivos nuevos y mejorados. A continuación te pongo ejemplos de algunas metas en las que trabajo y de mi manera de escribirlas. Fíjate que las redacto como ya cumplidas.

-Soy dueño de más de 5.000 apartamentos que me dan más del 12 por ciento de flujo de caja positivo.

-Tengo una salud y una condición física perfectas. Mi valor total supera los cien millones de dólares.

-Mi ingreso es superior al millón de dólares mensuales. He escrito y publicado doce o más libros de gran venta.

-Mi matrimonio está vivo y saludable, siendo un modelo positivo para otros.

-Estoy más enamorado de mi esposa cada día. Tengo dos hijos hermosos y saludables.

-No tengo deudas, excepto las que me deben otros.

-Soy dueño de una hermosa casa frente al mar sin hipoteca. Soy dueño de un rancho en Colorado con vistas formidables a las montañas y caballos, lo que es mi escenario ideal.

-Tengo empresas que controlo a distancia y personas muy válidas trabajan para mí.

-Mis hijos son amigos de la gente más poderosa del planeta.

-Marco una diferencia positiva en mi comunidad y en la política.

-Creo programas únicos que la gente quiere y mejoran su calidad de vida.

-Tengo energía e interés infinitos para y por mi carrera.

-Tengo un programa de televisión exitoso que lleva cinco temporadas en antena.

-Soy uno de los mayores donantes de mi iglesia.

Ten en mente que son algunas de mis metas y solo las utilizo para darte un ejemplo de cómo redactarlas. También que se trata de cosas que debo lograr, no ya logradas.

El establecimiento de metas promedio no impulsa acciones 10X. Si abordas una labor con pensamiento promedio, te darás por vencido al toparte con cualquier reto, resistencia o condiciones menos que óptimas, a menos que tengas un gran propósito como motor de actividad. Para superar la resistencia, debes tener una buena razón para hacerlo. Cuanto más grandes y menos realistas sean tus metas, más se alinearán con tu propósito y obligación, y más impulso y energía darán a tus acciones.

Por ejemplo, digamos que deseas cien millones de dólares en tu cuenta. ¿Alguien necesita cien millones? ¡No! Es una meta y cuanto más grande y jugosa sea, más fácilmente te motivará para moverte en esa dirección. Si quieres añadir aún más energía a tus objetivos, asegúrate de que están unidos a algo mayor. Por ejemplo, alguien que quiere ganar dinero pero no tiene una meta constructiva en el sentido de qué hacer con él producirá el dinero para desperdiciarlo. Cuando establezcas una meta, asegúrate de tener claro para qué y vincúlala a un propósito mayor. Piensa a lo grande. Mucha gente convierte el dinero en objetivo y se propone ahorrarlo, pero luego destruye la riqueza creada. Mira cuánta gente solo quiere volverse rica, lo logra y acaba muriendo en la quiebra. Tener metas alineadas con otras te ayudará. Digamos que una de mis metas es ahorrar cien millones de dólares y otra usarlos para ayudar a mi iglesia y fundar programas que mejoren las condiciones de la humanidad. Este es un ejemplo de combinación de metas para impulsar mis acciones y todas las demás.

Uno de los primeros trabajos que tuve fue en McDonald's. Lo odié y no porque se tratara de McDonald's, sino porque no estaba alineado con mis metas y propósitos. El tipo que trabajaba junto a mí amaba su trabajo porque se alineaba con sus metas y propósitos. Yo era el tipo que ganaba siete dólares por hora y deseaba tener algo de dinero para gastar, y él era el tipo que ganaba lo mismo pero deseaba aprender sobre el negocio para abrir después cien franquicias. No entendía por qué yo no me emocionaba como él. Me despidieron y él continuó hasta ser dueño de sus franquicias. Tus metas están ahí para impulsar las acciones que debes poner en marcha, así que procura que sean grandes, revísalas con regularidad y vincúlalas con propósitos mayores.

Pregúntate si las metas igualan tu potencial. La mayoría admitirá que sus objetivos están muy por debajo de su potencial, porque la mayor parte del mundo ha sido convencida, persuadida e incluso educada para establecer metas pequeñas, asequibles y realistas. Si eres padre, estoy seguro de que sugieres esto a tus hijos, o tal vez lo escuchaste de tus propios padres o en tu ambiente de trabajo. Nunca establezcas metas realistas; puedes tener una vida realista sin establecer metas para ello.

En verdad desprecio la palabra «realista» porque se basa en lo que otros —que muy probablemente operaban solo en los primeros tres niveles de acción— logran y creen posible. El pensamiento realista se basa en lo que otros creen posible, pero ellos no son tú y no tienen manera de conocer tu potencial y tus propósitos. Si estableces metas basado en lo que otros piensan, asegúrate de que aquellas sean las de los gigantes del planeta. Ellos serán los primeros en decirte: «No bases tus objetivos en lo ya hecho porque puedes hacer mucho más». ¿Qué pasa si fijas las metas a partir de las personas más exitosas del mundo? La meta de Steve Jobs, por ejemplo, era incidir en el universo, crear productos que cambiasen para siempre nuestro planeta. Mira lo que hizo con Apple y Pixar. Si estableces metas comparables a las de otros, entonces elige a los gigantes que crearon éxito masivo.

Mucha gente se halla en un determinado camino simplemente porque hace lo que otras personas —promedio— realizaron. La mayoría va a la universidad no porque quiera, sino porque le dicen que debe ir. La mayoría profesa una religión porque los criaron de ese modo. La mayoría habla solo la lengua de su familia y nunca aprende otra. La mayoría estamos influidos por decisiones de padres, maestros y amigos; por lo tanto, esas decisiones nos limitan. Apuesto a que si preguntara a tus cinco asociados más cercanos sobre sus metas, identificarías algunas tuyas. Tú y tus objetivos están manipulados por tu entorno.

Nunca diré a otra persona cuáles deben ser sus metas. Sin embargo, aconsejaría que cuando las establezcas, tengas en cuenta que fuiste educado con restricciones. No olvides esto para no subestimar las posibilidades. Luego ten en cuenta lo siguiente: 1) Establece metas solo para ti. 2) Cualquier cosa es posible. 3) Tienes mucho más potencial del que crees. 4) El éxito es tu deber, obligación y responsabilidad. 5) No hay escasez de éxito. 6) Sin importar la magnitud de la meta, requerirá trabajo. Una vez revisados esos conceptos, siéntate y escribe tus objetivos. Y luego estarás dispuesto a reescribirlos cada día hasta lograrlos.

Si subestimas tu potencial, será imposible establecer metas apropiadas. Imponte metas pequeñas y no crearás acción masiva. Sé que el concepto de la Regla 10X NO es para todos. Está claro que no se dirige a quienes aceptan el promedio o la mediocridad o se conforman con las sobras. No es para los que dependen de la esperanza y la fe para obtener el éxito. La Regla 10X o Regla de Oro está diseñada para los pocos obsesionados con la creación de una vida excepcional y se ponen manos a la obra. La Regla 10X elimina los conceptos de suerte y oportunidad de la ecuación de tu negocio y demuestra qué mentalidad debes forjar para dar con el éxito rotundo. Considera el siguiente escenario: digamos que estableces tus metas financieras. En 2009, el presidente de Estados Unidos dijo que la gente que ganaba 250.000 dólares podía considerarse rica. De acuerdo con la tendencia actual, tus impuestos serían de por lo menos 100.000 dólares, dejándote libres 150.000 dólares. Después de pagar dos coches, la hipoteca, los impuestos sobre la propiedad, la comida, la ropa y la escuela de tus hijos, quizá te queden unos 20.000. Si ahorras ese dinero durante los siguientes veinte años, terminarás con unos 400.000 dólares, asumiendo que nada sale mal. Ahora ten en cuenta que tus padres —posiblemente los dos y ambos suegros— quizá no planearon su jubilación de un modo apropiado. Sobrevivirán a sus ahorros unos quince años y dependerán de ti. Si esto sucede, muy pronto te darás cuenta, y será demasiado tarde, de que subestimaste tus metas financieras y gastarás más esfuerzo administrando lo creado que el empleado para acumularlo. Y recuerda: además de cuidar de tus padres, debes financiar tus propios años de jubilación. Además, este escenario no tiene en cuenta ningún incremento del coste de la vida, ninguna noticia negativa, emergencias, ni sucesos de fuerza mayor. Añade a la mezcla un poco de lo sucedido en los últimos dos años y verás que el 90 por ciento de la población ha subestimado las metas y objetivos necesarios para financiar su estilo de vida y también sus propósitos vitales. El pensamiento «pequeño» ha sido y siempre será castigado de una u otra manera. Vivimos en un planeta cuya creencia primaria es subestimarlo todo. Las mejores escuelas de negocios mencionan la subcapitalización como una de las principales razones para el fracaso de las empresas. Esto ocurre por malos cálculos respecto a cuánto dinero quema una empresa antes de establecer su producto y aquí tenemos otro ejemplo de que lo promedio no es suficiente.

El mayor arrepentimiento de mi vida no es haber trabajado como un burro, que lo hice, sino apartarme de objetivos diez veces mayores a los que originalmente pensé. ¿Por qué? Porque mis metas estaban influidas y limitadas en gran medida por mi educación. No culpo a nadie; es un hecho y nada más. Pasé los primeros treinta años de mi negocio entendiendo bien la parte del esfuerzo 10X y pasaré los siguientes veinticinco entendiendo la parte del establecimiento de metas 10X. Así que te recomiendo lo siguiente:

1. Establece metas 10X.
2. Coordínalas con otros propósitos.
3. Escríbelas cada día, al despertar y antes de dormir.

Ejercicio

Escribe cómo tu crianza influyó en el establecimiento de tus metas.

_____

_____

_____

_____

¿Qué otras metas o propósitos alineados con tus objetivos primarios impulsarían aún más tus acciones?

_____

_____

_____

_____

Mira la lista de metas que escribí y encuentra dos cosas que todas tienen en común.

_____

_____

_____

_____

10

La competencia es para miedosos

Una de las grandes mentiras perpetuadas por la humanidad es que la competencia es buena. ¿Buena para quién, exactamente? Puede ayudar a que los clientes tengan opciones y hacer que otros hagan las cosas mejor. Sin embargo, en el mundo de los negocios, siempre debes estar en posición dominante, no solo competente. Si el viejo dicho reza: «La competencia es sana», el nuevo afirma: «Si la competencia es sana, ¡entonces el dominio es inmunidad!».

A partir de lo visto, competir con otros limita la creatividad de una persona porque esta observa constantemente lo que los demás hacen. La razón por la que mi primer negocio fue tan exitoso es que pude crear programas de ventas que introducían una manera original de vender para la que no existía competencia. Era una nueva manera de pensar y de acercarse a las ventas. Nadie había hecho nada que no fuera copiar durante los últimos doscientos años. Así que ignoré a la competencia e inventé un nuevo proceso de ventas llamado «Ventas asistidas por la información». Esto fue antes de la aparición de internet y de que los consumidores dispusieran de información. Predije que los vendedores desecharían las viejas fórmulas de ventas y aprenderían a usar la información para asistirlos. Aunque estaba adelantado a mi tiempo y los pensadores tradicionales se resistieron, una vez que internet alcanzó la masa crítica, este tipo de ventas se convirtió en una nueva opción y mi competencia quedó aferrada a procesos y sistemas antiguos. Y yo quedé arriba porque la gente se emocionaba al ver algo nuevo. Los pensadores adelantados a su tiempo no copian. No compiten. Crean. Tampoco ven lo que otros han hecho. Nunca conviertas competir en meta. Mejor haz todo lo posible por dominar tu sector para no desperdiciar tiempo yendo en pos de otro. No permitas que otra empresa marque el ritmo; que sea el deber de tu organización convertirte en líder de la manada. Hazlo de manera que quieran perseguirte y traten de ser como tú, no al revés. Esto no significa alejarte de estudiar las mejores prácticas de los demás en la industria. Pero lleva esos conceptos a otro nivel. Por ejemplo, Apple diseña ordenadores y teléfonos inteligentes; no copió simplemente lo que Dell, IBM, Rimm y otros hacían. Apple no compite: domina, establece el ritmo y permite que otros dupliquen su éxito. No fijes tus metas a nivel competitivo. Fíjalas a un nivel que dominará completamente.

«¿Y cómo dominar?», te preguntarás. El primer paso consiste en decidirse a dominar. La mejor manera es hacer lo que otros no desean. Así es: haz lo que no quieren hacer. Esto te labrará un espacio y desarrollarás una ventaja injusta. Déjame ser claro: yo quiero una ventaja injusta si puedo crearla. Aunque siempre soy ético, nunca juego limpio. Busco maneras de obtener una ventaja injusta y una manera segura de lograrlo es haciendo lo que otros no quieren hacer. Encuentra algo que no puedan hacer, tal vez debido a su tamaño o al compromiso con otros proyectos, y explota esa veta. Tal vez recorten gastos en un momento de incertidumbre económica; este sería tu momento para expandirte a esos espacios que ellos dejan libres al contraerse. Una empresa con la que trabajé, dedicada a los implantes dentales, me dijo que el líder en ese campo cortó los gastos de viaje, disponiendo que todo el contacto con los clientes fuera vía telefónica e internet. Para obtener una ventaja competitiva, decidimos dominar los contactos personales mientras el líder se retraía. ¡Dominio, no competencia! Nunca juegues con reglas aceptadas con las que otros operan. Las reglas, normas y tradiciones de cualquier grupo o industria son trampas contra nuevas ideas, mayores niveles de grandeza y dominio. No te limites a participar en una carrera; ubícate al principio de la lista. Mejor todavía: serás el único considerado como solución viable. Adopta la actitud de tener tanto poder en tu espacio que tus clientes, tu mercado y hasta tu competencia automáticamente piensen en ti cuando se pregunten qué hacer. IBM hizo esto con tal efectividad que a todos los PC se les llamó IBM. Hubo una época en que Xerox logró esto con tanto éxito en las fotocopiadoras que no se hablaba de sacar copias, sino de «xeroxear». Eso es dominación pura de un sector y proteger de modo eficiente tu marca registrada. La meta en mi empresa de entrenamiento para las ventas no es competir con los otros por la utilidad o los clientes, es asegurarnos de que cada ser humano del planeta Tierra piense en Grant Cardone cuando se trate de entrenamiento para las ventas. ¿Asequible? Probablemente no, pero es el objetivo para la toma de decisiones. No competimos con nadie más para ser los mejores del sector. Nuestra meta es dominar el pensamiento de toda la gente, de modo que mi nombre se convierta en sinónimo de entrenamiento para ventas. Haz una búsqueda en Google que diga «*sales motivation*» y mira el vídeo que aparecerá. Es la manera de acercarte a un sector, a una meta o a cualquier otra empresa: ser dueño por entero.

Siempre puedes aprender de los competidores; no te limites a perseguirlos. Se dice que Sam Walton, fundador de WalMart, compraba cada semana en otras tiendas para ver qué hacían bien y mejorarlo. Al mismo tiempo, tenía el objetivo de dominar, no de competir. Si duplicas lo mejor de otros, entonces acaba con ellos, sé el campeón de esa práctica y hazla tuya.

Refina sus «especialidades» hasta transformarlas en tu ventaja. Hazlo hasta convertirte en líder experto en esa área y domínala hasta que ya ni siquiera intenten superarte. No tienes que ser el primero en llegar al espacio. El mensaje que envías al mercado por medio de tus acciones es: «Nadie puede conmigo. No pienso irme. No soy un competidor. Soy el espacio».

La mayoría de vosotros tendréis menos dinero que algunos líderes de vuestro ámbito. Incluso si tienes menos que los otros participantes del mercado, eso no significa desventaja. Aunque te superen en gasto general y de publicidad, trabaja más que ellos usando las redes sociales, las visitas personales, el correo tradicional, el correo electrónico y demás. Crea campañas con tus recursos. No hay escasez de energía, creatividad o de lo mucho por hacer para contactar a tus clientes. Usa variantes de las campañas de ofertas, información, vídeos, vínculos, validación por terceros, correo tradicional, correos electrónicos, y combina las visitas personales para contrarrestar las caras campañas que usan los grandes del juego. Advertencia: cuando uses la actividad para contrarrestar la carísima publicidad de los competidores, nunca subestimes la cantidad de energía requerida para que se percaten de tu presencia y mantener la atención de tu espacio. Por ejemplo, la gente piensa en publicar un par de veces al día en Facebook o Twitter y supone que con eso crea un efecto. No entiendes la acción masiva si piensas así, y definitivamente subestimas el tamaño de internet si piensas que un par de anuncios hará que te conozcan. Igual que en los otros aspectos de tu negocio, debes mostrarte una y otra vez para dejar claro que no piensas retirarte.

Lo bueno de las redes sociales es que cualquiera puede jugar en ese espacio sin importar su situación financiera. Permite la creatividad ilimitada y recompensa solo a quienes las usan de modo consistente. Cuando empecé a jugar con las redes sociales, publicaba un par de veces al día. No sé en qué pensaba, fue un lapsus de pensamiento a lo pequeño. De manera simultánea implementamos estrategias de envío de correos electrónicos mensuales y nos encontramos con peticiones de gente que deseaba que la diéramos de baja de nuestra campaña de e-mails. Mis colegas sugirieron que me replegara. En ese momento desperté y fui consciente. En lugar de retraerme, di la orden de aumentar la cantidad de correos diez veces. Luego instruí a mis empleados para que enviaran correos electrónicos estratégicos dos veces a la semana en lugar de hacerlo una vez al mes (8X) y empecé a publicar comentarios personales en Twitter 48 veces al día (una vez cada 30 minutos). Cada mensaje lo escribía personalmente y estaba diseñado para ser distribuido a una hora determinada. Aunque podrías suponer que las quejas y las peticiones para dejar de recibirlos se incrementaron con esta campaña de flujo masivo, no fue así. Más bien recibimos correos electrónicos y posts de admiración por mi nivel de actividad, y felicitaciones por mi deseo de brindar información de ventas y motivacional gratuita. Las preguntas llegaron en tropel: «¿Cómo puedes hacer todo esto?», «¿Cómo de grande es tu equipo?», «¿De dónde sacas el tiempo?», «¿Descansas alguna vez?». Y por cada persona que comentaba algo, debía de haber otras mil pensando cosas semejantes. ¿Y en quién crees que pensaban? Esto no fue costoso; solo tuve que invertir energía, esfuerzo y creatividad. Al mismo tiempo, preguntaron al tipo con quien más me comparaban qué pensaba de las redes sociales. Respondió lo siguiente: «Sigo evaluándolas». Mientras él evalúa, yo lo completo. Un día puse en Twitter lo siguiente: «Voy a convertir Twitter en mi perrita».

Este es un gran ejemplo de dominación, pensamiento y acción desbordados que no me costó dinero. Piensa en la dominación desde este ángulo: no dominas si no penetras y no penetrarás mediante niveles razonables de actividad. Tu mayor problema es la ignorancia: los demás no te conocen y no piensan en ti.

Otro problema es superar el nivel de ruido existente en el mercado. Para ello, haz dos cosas: 1) sé espabilado y 2) supera el ruido. En mi caso, si nos hubiéramos retraído para satisfacer a unos pocos quejicas, no habríamos expandido nuestra base de contactos. Cuanto más posteaba, más le gustábamos a la gente. Cuanto más ofrecíamos, a más gente ayudábamos. Conforme explotábamos este nuevo recurso, veíamos que los competidores se burlaban de mí. Pero hasta estos comentarios atrajeron la atención sobre mí y nuestro negocio. Dos cosas sucederán cuando emprendas las acciones apropiadas: 1) tendrás nuevos problemas y 2) tu competencia te promoverá. Me encantará saber que impacté tanto en los demás que hablaban de mí sin conocerme, elevando la atención sobre mi negocio, mis productos y lo que me traigo entre manos.

Determina capacidad, acciones y mentalidad de tu competencia. Haz lo que ellos no hacen, ve adonde ellos no van y piensa y actúa en cantidades 10X que ellos no comprenden. No te involucres demasiado en sus mejores prácticas; lleva tus acciones a un punto considerado irracional por el mundo, en el que tú y tu compañía hagáis esas cosas que solo tú y tu compañía queréis hacer, algo que llamo «solo prácticas».

En el caso de una empresa que contrató mis servicios de consultoría, identificamos situaciones para emplear solo las prácticas. Descubrimos que el sector luchaba con la práctica de dar seguimiento a los clientes. Entonces estudiamos lo que la competencia no hacía y encontramos que ninguno llamaba a los clientes una vez salían de la tienda. Esto llevó a ejecutar programas en los que se llamaba a los clientes cuando salían del estacionamiento. Los agentes comerciales llamaban a los móviles de los clientes en cuanto salían de las instalaciones de la empresa y les pedían regresar. Si la llamada se iba al buzón de voz, el agente dejaba un mensaje pidiendo al cliente que por favor regresara inmediatamente, debía ver algo. O enviaba un mensaje de texto sugiriendo que la compañía tenía algo urgente que enseñarle. Si no era exitoso el contacto realizado, otro agente repetía la llamada ese mismo día y luego de nuevo, a la mañana siguiente. Los resultados fueron una locura. Casi el 50 por ciento regresaba de inmediato y casi el 80 por ciento se hizo cliente en ese momento. Otro 20 por ciento regresó como resultado de las llamadas y aumentaron las ventas de la organización a nuevos niveles. Este es un ejemplo de «solo prácticas».

No importa lo que hagas, hazlo; sí importa que tu meta sea dominar tu sector con acciones inmediatas, consistentes, persistentes y a niveles en los que nadie más desea operar o duplicar. Haz lo que sea y llévalo a un nivel que te separará a ti y a tu empresa de todos los que estén en tu espacio. Invierte hasta la última gota de tu energía, esfuerzo y creatividad para distinguirte como el único protagonista. Aprende a dominar siendo el primero en la mente de tu mercado, de tus clientes e incluso de tus competidores. Las condiciones del mercado no mejorarán hasta transformar tu manera de pensar y de acercarte al mercado. Incluso en uno débil, sufres menos cuando lo dominas. Los mercados débiles crean oportunidades: los participantes se hacen dependientes y débiles porque no saben cómo operar en un ambiente con mayores retos. No te sientas mal por ellos; domínalos. No tienen mala suerte; les fallan las ideas y acciones promedio. El mercado es inclemente y castigará a quien no realice las cantidades necesarias de acción. Ahora es el momento de cambiar para que cada pensamiento y acción se oriente a dominar tu sector, tu mercado, tu competencia y hasta el pensamiento mismo de los clientes potenciales. Deja la idea de competir. A pesar de lo que todo el mundo dice, no es sano. Es para miedosos.

Ejercicio

¿Cuál es la diferencia entre dominar y competir?

_____

_____

_____

_____

Si la competencia es sana, la dominación es _____.

¿Cuál es la diferencia entre las mejores prácticas y las prácticas en exclusiva?

_____

_____

_____

_____

¿Cuáles son algunas de las prácticas para distinguirte de tu competencia?

_____

_____

_____

_____

11

Escapar de la clase media

Por favor, no te ofendas por lo que escribiré en este capítulo. Sé que muchos de vosotros os habéis pasado la vida tratando de acceder a la clase media y voy a decirte que es el objetivo equivocado. Mantén una mentalidad abierta. Escribiré un libro entero sobre este tema un día. Por ahora, solo pensemos en escapar de lo que yo llamo «la mentalidad de la clase media». Creo que tengo razón al afirmar que es el grupo más dañado por las ideas y acciones de sus miembros, haciéndolos más susceptibles a la inseguridad y el dolor. Aunque mucha gente aspira a ser parte de este grupo, también es el que parece más atrapado, manipulado y en riesgo.

¿Es la clase media un estatus tan bueno como te han hecho creer? ¿Sabes siquiera lo que significa ser clase media o qué ubica a una persona en este grupo? Antes de tomar una decisión sobre cuál ha de ser tu camino o sobre el grupo al que deseas pertenecer, sería sabio analizar algunas estadísticas.

Los ingresos de la clase media

Informes de Wikipedia y del censo de 2008 en Estados Unidos sugieren que el rango de ingreso de la clase media está entre 35.000 y 50.000 dólares al año. Lee otros estudios y estos números van de 22.000 a 65.000 dólares al año. No es ningún secreto que sería extremadamente difícil vivir con cualquiera de estos ingresos en zonas urbanas de Nueva York o Los Ángeles, sin hablar de tener seguridad financiera. Esta experiencia está muy lejos de ser considerada como una situación deseable.

La clase media se subdivide en media alta y media baja. La media alta está integrada por personas que tienen bienes sustanciales y ganancias domésticas por más de un millón de dólares al año, aunque no hay nada que justifique este límite. Supongo que suena bien. La mayoría considera que un millón de dólares es un montón de dinero, hasta que lo tiene. Entonces se da cuenta de que no rinde demasiado, pues las decisiones y consideraciones de una persona tienden a cambiar una vez que él o ella accede a un nuevo nivel de ingreso.

La gente de esta supuesta clase media alta ocupa posiciones notablemente más elevadas en sus oficinas y se la considera mucho más estable financieramente. Muy bien puede resultar el caso, al menos hasta que cualquier tipo de desastre económico tenga lugar. Entonces constatamos que este grupo está desprotegido. Admito que sus miembros experimentan un considerable aumento en su salario debido al crecimiento económico en tiempos prósperos. Tienen ingresos disponibles más altos que muchas de sus contrapartes en la clase media baja, integrada por personas con educación básica y un ingreso anual que va de 30.000 a 60.000 dólares. La clase media baja constituye una buena parte del total de la población de Estados Unidos. Esto desata frecuentes luchas por alcanzar el nivel de la clase media alta; sin embargo, cuando los sobresaltos económicos se presentan, todos son expulsados hacia abajo. Un cliente me preguntó vía mensaje de texto: «Grant, tengo que ingresar 10.000 dólares para mantener las puertas abiertas este mes. ¿Cómo puedo hacerlo?». Sucedió que recibí su mensaje durante un partido de fútbol americano un domingo por la tarde, así que le pregunté: «¿Estás viendo el partido?». Él me respondió: «Sí». Y yo le pregunté: «¡¿Qué haces tomándote un domingo de descanso para ver un partido!? Deberías estar distribuyendo publicidad, pasando cada segundo de cada hora creando el ingreso que necesitas. Y, por cierto, necesitas 100.000 de utilidad neta, no 10.000». «El domingo es un día de descanso», respondió. Oh, Dios. Me caí de espaldas. «¡Lo es para quienes trabajaron los otros seis días! El Señor no se dirigía a la gente que estaba corta de fondos o no se había ganado el día de descanso. ¡Así que apaga la tele, levántate del sofá y consigue el dinero que necesitas! ¡Deja de ser un esclavo de la clase media, ve y genera el dinero que necesitas para asegurar la riqueza y la libertad financiera para ti, tu casa y tu empresa!». Creo que captó el mensaje.

Mi cliente está en riesgo porque opera pensando en lo que necesita y, por lo tanto, solo está «pasando el rato». Desafortunadamente, la mentalidad de la clase media no crea seguridad financiera. Los bancos se cebaron con ella; ya no puede depender del crédito como colchón y ahora solo depende de sus acciones. Es el problema con muchos miembros de la clase media: persiguen lo necesario sin aspirar nunca a lo grande. Mucha gente piensa que una vida cómoda de clase media incluye ropa, casa, coche, tiempo de vacaciones, quizá un puesto ejecutivo y algo de dinero en el banco.

Sin embargo, dependiendo del periodo de la historia al que me refiera, el término «clase media» ha tenido varios significados, muchos de los cuales fueron y son bastante contradictorios. Se han referido a la gente que está entre los campesinos y la nobleza, y otras definiciones sugieren que tuvo suficiente capital para rivalizar con los nobles. Queda claro que hemos hecho un largo camino desde ese significado hasta el de hoy. Por ejemplo, en la India se considera que la clase media reside en las tierras de un propietario, en tanto que un trabajo como obrero te convierte en miembro de la clase media estadounidense; lo que en Europa te convierte en miembro de la clase trabajadora.

Una distinción importante es que mi propia referencia a la clase media es una mentalidad más que una cuestión de nivel de ingreso. Alguien que gana un millón al año aún puede adoptar pensamientos y acciones de la clase media. Se trata más de una mentalidad tramposa. La clase media es, en buena medida, una meta que no te proveerá de lo que en verdad quieres. No olvides que «media» —normal o promedio— es sinónimo de términos muy poco atractivos.

Pero ¿qué significa la clase media para la mayoría de la gente en nuestros días? En febrero de 2009, la reputada publicación semanal *The Economist* anunció que más de la mitad del mundo pertenece ahora a este grupo, como resultado del rápido crecimiento de los países emergentes. El artículo definía a la persona de clase media como ganadora de una cantidad razonable de ingresos sin vivir con el Jesús en la boca como los pobres. Se la definía como la clase que empezaba en el punto en que a la gente le queda una tercera parte de sus ingresos para gastar libremente, después de pagar alimentación básica y vivienda.

Sin embargo, casi ningún miembro de la clase media actual dispone de una tercera parte de su ingreso. Este grupo se encuentra bajo el ataque de algo llamado «la reducción de la clase media»: una situación en que los aumentos del salario no igualan los de la inflación. Al mismo tiempo, el fenómeno no tiene un impacto semejante sobre quienes ganan más. Añade a la ecuación que mucha de su riqueza proviene de deudas y cálculos hipotecarios que son más tinta que dinero real.

Las personas que pertenecen a la clase media frecuentemente descubren que su dependencia de los créditos —empeorada por la crisis del mercado de la vivienda— les impide mantener su estilo de vida, amenazándolas con una movilidad negativa que contrarresta las aspiraciones de la movilidad positiva. Estas son la gravedad, la resistencia y las condiciones inesperadas que mencioné. Este grupo experimenta un declive en los ingresos conforme los puestos de trabajo se pierden. Y por primera vez en nuestra historia, vemos que más hombres que mujeres pierden su trabajo porque se deja ir a los de más sueldo para conservar a sus contrapartes femeninas más baratas. Asimismo, los precios de los productos básicos —como energía, educación, vivienda y seguros— van aumentando en tanto que los salarios decrecen. Este tipo de «reducción» siempre afecta a los grupos más grandes de una población. Los ricos no dependen del ingreso y del endeudamiento, y los pobres recibirán ayuda para la que no opta la clase media.

Para la mayoría, pertenecer a la clase media significa tener un empleo estable con un salario de justo a bueno, con servicios de salud consistentes, una casa cómoda en un bonito vecindario, una buena educación para los niños, tiempo libre para vacaciones (esto es muy apreciado) y dinero en un plan de pensiones que crezca para permitir una jubilación decente. Sin embargo, todo esto, que dimos por hecho durante tanto tiempo, está ahora en riesgo debido al aumento del coste de la vivienda y a la crisis del crédito. La clase media está aplastada y, como mucho, espera recuperar sus viejos logros. Este grupo de ingreso medio se reduce constantemente. Los trabajos de sus miembros están amenazados y sus ahorros e inversiones en riesgo. Las apreciadas vacaciones del pasado terminarán por ser más bien una visita al parque de atracciones.

¿Por qué digo todo esto? Pregunta a la gente de la clase media si se siente segura o en una posición envidiable; aunque pueden decirse agradecidos por no ser «pobres», también que se sienten más como miembros de la clase trabajadora que de la media. Considera que el dólar vale menos hoy que ayer y aún menos mañana. Alguien que gana 60.000 dólares al año paga 15.000 en impuestos. Si tiene suerte, él o ella se queda con unos 45.000 al año —lo que equivale a 32.000— para alojamiento, escuela, seguros, alimentos, coche, gasolina, emergencias médicas, vacaciones y ahorros. ¿Te resulta esto deseable? La clase media fue un sueño vendido a incontables norteamericanos como si se tratara de una meta positiva. Sin embargo, solo se acerca a lo bueno, y está aún más cerca de parecerse a una ratonera con un gran pedazo de queso sobre ella. Yo opino que la clase media es la categoría más atacada, restringida y confinada de la demografía socioeconómica mundial. Los que quieren ser parte de ella piensan y actúan de cierta manera; en su mundo, «lo suficiente» es la recompensa. La idea de que uno tendrá lo suficiente para estar «cómodo» o «adecuadamente satisfecho» es un concepto que nos ha vendido el sistema educativo, los medios de comunicación y los políticos, para convencer a una población entera de que se conforme en lugar de luchar por la abundancia. Sin embargo, un poco de perspicacia nos descubre que se trata de una promesa vacía. Hoy, el 5 por ciento más rico de la población controla 80.000 millones de dólares, más dinero del que se ha creado en toda la historia de la humanidad. Si supieras que tienes el mismo nivel de creatividad y energía para pasar al siguiente nivel, ¿no lo harías?

Ejercicio

Antes de leer este capítulo, ¿cuál era tu idea de la clase media?

_____

_____

_____

_____

¿Cuáles son los niveles de ingreso de la clase media?

_____

_____

_____

_____

¿Qué significa la clase media para ti?

_____

_____

_____

_____

12

La obsesión no es una enfermedad, es un don

El diccionario define el término «obsesión» como «dominio del pensamiento o de los sentimientos propios por una idea, imagen o deseo persistente». Aunque el resto del mundo trata esta mentalidad como enfermedad, creo que es el sustantivo perfecto para acercarte al éxito. Para dominar tu sector, meta, sueño o ambición, primero domina cada interés, pensamiento y consideración. La obsesión no es algo malo en este caso; es un requisito para llegar adonde quieres ir. De hecho, querrás ser tan fanático del éxito que el mundo sabrá que no te retirarás ni te irás. Y hasta que estés completamente obsesionado por tu misión, nadie te tomará en serio. Hasta que el mundo entienda que no te vas a rendir, que estás cien por cien comprometido y tienes la absoluta convicción de persistir y lograr tu proyecto, no obtendrás la atención que necesitas y el apoyo que quieres. En este contexto, la obsesión es como el fuego; quieres que sea lo suficientemente grande para sostener el calor y la luminosidad. O te obsesionas por mantener el fuego ardiendo o este arderá hasta dejar solamente cenizas.

Para crear una realidad 10X, debes seguir cada acción con obsesión por verla convertida en éxito, estar seriamente motivado para asumir acciones 10X cada día. Aunque la gente actúa constantemente, sabemos que esta acción no la llevará a ninguna parte. La mayoría no hace nada o se ha dado por vencida, y otros se retiran en un intento por evitar el fracaso y las experiencias negativas. Enormes segmentos de la población operan en niveles normales para seguir adelante y conformarse al entorno. A estos grupos les falta la obsesión para llevar sus acciones hasta el éxito. La mayor parte de la gente solo hace el esfuerzo necesario para que las cosas se sientan como un trabajo, mientras que los más exitosos dan seguimiento a cada acción con una obsesión que se convierte en recompensa.

Si te obsesionas con tu idea, propósito o meta, te volverás igualmente adicto a la idea de hacerla funcionar. Quien se propone crear supervivencia 10X positiva, a largo plazo, deberá aproximarse a cada momento, decisión, acción y a cada día con esta determinación. Después de todo, si tus ideas no preocupan en exceso a tu propio pensamiento, ¿cómo esperar que ocupen los pensamientos de los demás? Algo tiene que absorber tu mente cada segundo del día, ¿qué quieres que sea? Obsesiónate por algo. ¡Convierte tus sueños, metas y misión en la preocupación dominante de tu mente y de tus acciones!

El término «obsesionado» tiene una connotación negativa porque muchas personas creen que la obsesión es usualmente destructiva o dañina. Pero muéstrame a una persona que haya logrado la grandeza sin estar obsesionada a algún nivel. No encontrarás ejemplos. Cualquier individuo o grupo que logra algo significativo estuvo por completo obsesionado por una idea. Ya se trate de un artista, músico, inventor, hombre de negocios, agente del cambio o filántropo, su grandeza es resultado de su fijación.

Alguien me preguntó alguna vez si siempre estuve obsesionado por el éxito y el trabajo. Respondí: «¡Por supuesto que no!». Al principio sí, pero solo hasta los diez años. Luego lo dejé ir y no me obsesioné hasta que cumplí los veinticinco. He seguido así en mayor o menor grado desde entonces, y lamento esos años en los que no me obsesionaron mis sueños y metas.

Puedo decirte que mi vida ha sido mucho mejor desde que me apasioné por estos, incluso cuando las cosas pintaban mal. Recientemente, vi una entrevista de televisión con el que fue presidente de Israel Shimon Peres. Tenía ochenta y siete años en ese momento y había concedido novecientas entrevistas en los dieciocho meses anteriores. Su obsesión con su misión lo hacía parecer joven y enérgico a pesar de la edad. Incluso quienes no creen en ella admiran su compromiso, lo que se evidencia en su frase de que «el trabajo es mejor que las vacaciones, y es importante tener un propósito para levantarse cada día». Mucha gente exitosa está de acuerdo con el sentimiento de que sus carreras no se perciben como trabajo, sino como algo que les encanta hacer. Se trata de una obsesión en su versión más refinada.

Los niños son un ejemplo perfecto de seres obsesivos. Se apuntan a cualquier labor: aprender, imitar, descubrir, jugar y usar toda su energía para lo que capte su interés. A menos de existir algún retraso en el desarrollo, ningún niño afronta sus actividades sin obsesión franca y completa preocupación, sea chupete, juguete, comida, atención paterna o urgente necesidad de cambio de pañales. Así pues, la obsesión es un estado humano natural. No se convierte en un «problema» hasta que un padre, cuidador, maestro o la sociedad como un todo comienza a reprimir esta fijación. Hacen sentir al niño como si su compromiso con la meta estuviera equivocado, más que ser algo correcto y natural. En este punto, muchos niños comienzan a asumir que su inmenso interés por la vida y el descubrimiento —su compromiso innato de estar a cargo— es erróneo o poco natural. Son engañados por quienes hace tiempo se dieron por vencidos ante sus propias obsesiones para cambiar su conducta. Este es el caso en que una persona pasa de los niveles superiores de compromiso y acción a los niveles promedio.

Para que no pienses que hablo de algo en lo que no tengo experiencia, te diré que acabo de tener a mi primera hija. Admito que, aunque su naturaleza obsesiva aparece en momentos inconvenientes para mí, jamás se me ocurre suprimirla. ¡Es mi deseo ferviente que mi hija se obsesione con sus sueños, que nunca se dé por vencida al perseguirlos y pase el resto de su vida mejorándolos! Me encanta la sensación de obsesionarse con una idea y admiro a los fanáticos. ¿Quién no se conmueve ante personas o grupos que persiguen las cosas en las que creen con todo su corazón, consumidos por sus ideas hasta despertarse en sus sueños cada día, trabajando por ellos el día entero para luego dormir y soñar con el centro de su pasión de nuevo, toda la noche? En cuanto otras personas notan la intención, la convicción y el compromiso en los apasionados pensamientos y movimientos del individuo, se quitan del camino. Sugiero que te obsesiones con las cosas que quieres; de otro modo, pasarás la vida obsesionado con elaborar excusas para justificar por qué no obtuviste la vida deseada.

Es desafortunado que las personas con este tipo de obsesión y fiera determinación sean catalogadas como desequilibradas, adictas al trabajo, obsesivas y toda una serie de etiquetas. ¿Y si el mundo viera la pasión de una persona, su obsesión inmortal y el deseo extremo de lograr sus metas como dones y no como defectos y males? ¿No lograríamos más todos? ¿Por qué la gente debe convertir una pasión por la excelencia y una obsesión por el éxito en algo negativo?

Es interesante notar, sin embargo, que una vez que el obsesionado logra el éxito, dejan de etiquetarlo como loco y comienzan a tacharlo de genio, de excepción a la regla y de extraordinario. ¿Qué pasaría si el mundo admirara, respetara e incluso exigiera que todos operáramos cada día por un enfoque obsesivo en nuestras metas? ¿Qué tal si castigáramos a las personas que no actuaran con pasión y compromiso, recompensando a las que llevan sus proyectos hasta las últimas consecuencias? Nuestra sociedad estaría abrumada por la cantidad de inventos, soluciones, nuevos productos y eficiencia incrementada. ¿Qué pasaría si el mundo alentara la obsesión en vez de juzgarla? ¿Qué pasaría si lo único que se interpusiera en el camino a la grandeza fuera tu decisión de ir tras todo obsesivamente, con persistencia y como si tu vida dependiera de ello? Pues bien, ¡así es! ¿Habría llegado el ser humano al espacio si un equipo de personas no se hubiera obsesionado con lograr ese objetivo?

¿Puede volverse grande un país sin que sus líderes se obsesionen con su grandeza? ¿Algún líder valioso menospreciaría sus sueños y alentaría que el equipo adoptara una actitud de «tómalo o déjalo»? ¡Por supuesto que no! ¿Quieres a tu equipo anestesiado, letárgico y robótico u obsesionado con un resultado positivo y la victoria? Nunca recortes nada, nunca diluyas la grandeza, nunca dejes de emplearte a fondo y jamás pongas un límite a tu ambición, entereza y pasión. Exígete obsesión de ti mismo y a quienes te rodean. Nunca conviertas la obsesión en algo equivocado; más bien, conviértelo en tu meta. La obsesión es lo que necesitarás para establecer objetivos 10X y llevarlos hasta el final con las acciones 10X.

Recuerda también que hacer la meta demasiado pequeña no te permitirá reunir combustible para romper la resistencia, la competencia y las condiciones cambiantes. Nada grandioso sucederá jamás sin que alguien se obsesione con el concepto y luego aborde cada tarea, reto y momento como si se tratara de algo vital, necesario y obligatorio. ¡La habilidad de obsesionarse no es un mal..., es un don!

Ejercicio

Escribe los nombres de tres personas obsesionadas que logra-
ran algo grande.

_____

_____

_____

_____

¿Qué cosa positiva merece que te obsesiones con ella?

_____

_____

_____

_____

¿Por qué es mejor estar obsesionado que no estarlo?

_____

_____

_____

_____

¿Qué meta te haría estar obsesionado?

_____

_____

_____

_____

13

Apuesta el resto y comprométete de sobra

Ahora que espero haber cambiado tu opinión respecto a la naturaleza de la obsesión, discutamos lo que debemos hacer para echar a andar en todas las acciones y que te comprometas completamente con cada nueva oportunidad.

La mayoría de las personas están familiarizadas con el concepto de «echar el resto» como se usa en el póquer. Es lo que sucede cuando un jugador pone todas sus fichas en riesgo aceptando que puede perderlas o duplicar su número. Aunque aquí no me refiero a dinero o fichas, sino a una apuesta más importante: tus esfuerzos, tu creatividad, tu energía, tus ideas y tu persistencia. La acción masiva no es como una mesa de póquer; nunca te quedas sin fichas para actuar en la vida ni usas toda tu energía y esfuerzo al comprometerte. Tus fichas más valiosas son tu mentalidad, tus acciones, tu persistencia y tu creatividad. Puedes optar por apostar «tu resto» tantas veces como quieras, porque incluso si fallas... ¡seguirás apostándolo!

La mayoría de la sociedad temen esta mentalidad de arriesgarlo todo porque nos enseñan a jugar a lo seguro y a no ponerlo todo en riesgo. Nos alientan a ser conservadores, a protegernos de las pérdidas en lugar de ir por el pago grande, como los gigantes de este planeta, que hacen grandes apuestas. Esta mentalidad se basa en el mito de que tu energía, tu creatividad y tu esfuerzo son cosas materiales en cantidades limitadas que no se reemplazan. Hay ciertas cosas en la vida que tienen límites, pero tú no, a menos que te los impongas tú mismo.

Es vital reorganizar tu cabeza por completo en lo que se refiere a actuar y entender que no hay límite para seguir haciéndolo. Puedes fallar o tener éxito tantas veces como quieras y luego hacerlo una y otra vez. También piensa que no lograrás un *home run* si no golpeas la bola con la intención de sacarla del campo, y nunca batearás en grande si no te disciplinas para ir a por todas cuando estés en acción.

Todos sabemos de la fábula de la liebre y la tortuga. La lección, por supuesto, es que la tortuga gana porque se toma su tiempo, mientras que la liebre se apresura, se cansa y pierde la oportunidad de ganar. Se supone que debemos ser tortugas: individuos que van a por sus metas firme y lentamente. Si hubiera un tercer competidor en la fábula que tuviera la velocidad de la liebre y la persistencia de la tortuga, vencería a ambas. La fábula, entonces, se llamaría «Superadas». La sugerencia es enfrentarte a tus metas como la tortuga y la liebre, atacándolas de modo implacable desde el principio y también persistiendo durante la carrera.

Recuerda: ¡no hay límite en cuanto a las veces que puedes recuperarte y seguir adelante! ¡No hay fracaso a menos que te rindas! Es imposible usar toda tu energía o creatividad y que se te acaben las ideas. Nunca perderás la capacidad de tener nuevos sueños, más energía, de pensar creativamente, de mirar una situación o suceso de manera distinta, de llamar una vez más a alguien, usar otra táctica o actuar con persistencia. Siempre habrá otra mano, otro día, otra oportunidad. Si el banco para el que trabajas te sigue abasteciendo con nuevas provisiones de energía, creatividad y persistencia, ¿por qué no apostarlo todo en cada mano?

Los emprendedores y en especial los vendedores sufren más cuando no apuestan el resto, asunto que discutí en mi primer libro: *Sell to Survive* (Vender para sobrevivir). Muchos profesionales de las ventas se dan mucho más crédito del que merecen por cerrar el trato y piensan que hacen mucho más de lo que en realidad hacen.

Mi empresa fue contratada para una campaña tipo «comprador desconocido» por una compañía internacional, con el objetivo de identificar dónde tenían lugar los reveses en el proceso de ventas. Tratábamos de recabar información sobre en qué parte del proceso las franquicias requerían más ayuda. Visitamos más de quinientas sucursales para ver qué porcentaje del tiempo la fuerza de ventas era capaz de colocar al cliente a punto para realizar un pedido. Para sorpresa de la compañía, el 63 por ciento de las sucursales ni siquiera presentaban al cliente una propuesta de compra, ¡y mucho menos lograban negociar con mi comprador misterioso! Esta empresa estaba a punto de gastar millones en un programa de entrenamiento en producto cuando, en realidad, no era ese el problema. Los franquiciados y sus equipos de ventas temían el fracaso o el rechazo y nunca jugaban siquiera una mano en el póquer. Ya ni hablemos de apostar el resto.

Si un cliente llega a ti o tienes una oportunidad de estar frente a uno y le hablas de tu producto sin hacer una propuesta, te aseguro que no obtendrás el negocio en el cien por cien de las situaciones. La sociedad nos enseña a jugar a lo seguro y no apostarlo todo por cada cliente y en cada oportunidad. Esto se persigue en el mundo de los negocios con cosas como los ratios de cierre, que supuestamente reflejan la tasa de éxito de un vendedor. Te diré qué hago: estoy deseoso de ir al fondo con cada cliente, en cada ocasión… ¡y tengo el ratio de cierre más bajo de todos pero la más alta productividad! Ahí va mi resto. ¡No me importa cuántas veces pierda, recuperaré mis fichas y jugaré de nuevo!

Piénsalo: ¿qué es lo peor que puede pasarte si vas con todo, todo el tiempo? Puedes perder el cliente. ¿Y qué? Aún tienes recursos ilimitados para dedicar todos tus esfuerzos al siguiente. Tienes todo por ganar y nada que perder; simplemente reconsidera tu modo de aproximarte a las cosas. Esto me lleva al tema de comprometerse en exceso, otra actividad que despierta sospechas y es malentendida en el mundo de los negocios. ¿Cuántas veces te han dicho que te comprometas menos y cumplas más? Nunca he escuchado algo tan retrógrado y ridículo. Digamos que estás en la presentación de un espectáculo de Broadway que anuncias al público. ¿Dirás que tu elenco es mediocre, con una capacidad de canto promedio, y esperarás que la noche del estreno todos cumplan sobradamente? Claro que no. Esta frase sugiere que el compromiso total, o cuando menos pleno, te pone en peligro de alguna manera. Si eres incapaz de cumplir con el desempeño prometido, dejarás a la contraparte insatisfecha.

¿Por qué no comprometerte al máximo y luego excederte también en el cumplimiento? Habla a todos sobre el extraordinario elenco de Broadway, de modo que deseen ver el show. ¡Comprométete sobradamente y cumple también de sobra!

Cuanto mayor sea mi compromiso con un cliente, mayor será mi nivel de cumplimiento. Es como si les prometiera a ellos y a mí alcanzar nuevos niveles. Cuanta más energía dedico a los mercados, a mis clientes o a mi familia, más atento estoy para entregar exactamente lo que dije. Esto, por supuesto, exige actuar con esfuerzo 10X más que 1X. Es fácil para alguien decir que da «el 110 por ciento» pero luego fallar al comprometerse por completo, porque esa persona está jugando a lo seguro o teme no actuar al nivel necesario.

Un problema común que casi todo negocio afronta es la tendencia a incrementar las citas para presentar un producto o idea. La gente que solicita una cita no desea comprometerse de más con la persona que debe darle su valioso tiempo para verlos. Las grandes pretensiones, el compromiso total y las promesas extremas te separarán inmediatamente de las masas y, por lo tanto, te verás forzado a desempeñarte a niveles 10X. La única manera de aumentar las citas es aumentar el número de gente con la que hablas y luego amplificar las razones por las que reservarán un tiempo para ti. Lo mismo sirve para cada etapa del proceso de venta, se trate de seguimiento, correo regular, e-mails, redes sociales, llamadas telefónicas, visitas personales, reuniones o cualquier otra acción. Comprometete toda tu energía, recursos, creatividad y persistencia. Apuéstalo todo en cada actividad, cada vez que actúas y cada día. Ahora podrías preocuparte —como hace mucha gente— por no ser capaz de cumplir. Y es un problema; sin embargo, como discutimos antes, *necesitas* nuevos problemas. Son señal de que avanzas en la dirección correcta. Primero comprométete y arréglatelas para cumplir después. La mayoría de la gente no se molesta en tener un buen desempeño y en lugar de ello pasa el tiempo distrayéndose con cosas que no les sucederá jamás. Cualquiera que no afronta nuevos problemas, sino que se aferra a los de siempre, no avanza en la vida. Para decirlo de forma simple: si no creas nuevos problemas, entonces no actúas lo suficiente.

Necesitas afrontar nuevas situaciones y dilemas que te retarán para encontrar soluciones creativas. No sería bueno tener demasiada gente que ver a las dos de la tarde, o una fila esperando para conseguir una mesa en tu restaurante. Una de las más grandes diferencias entre la gente exitosa y la que no lo es reside en que los primeros buscan problemas que resolver, mientras los segundos hacen todo lo posible por evitarlos. Así que recuerda: comprométete de más, echa el resto y emprende niveles masivos de acción seguidos de niveles masivos de más acciones. Crearás nuevos problemas y trabajarás en niveles que te sorprenderán incluso a ti.

Ejercicio

¿Qué significa echar el resto?

_____

_____

_____

¿Por qué la sociedad desalienta esto?

_____

_____

_____

¿Por qué fracasan los vendedores?

_____

_____

_____

_____

Si tú_____ te comprometes y_____

_____ cumples, promoverás tu crecimiento

porque_____.

¿Por qué queremos nuevos problemas?

_____

_____

_____

_____

14

Expándete; nunca te contraigas

Mientras escribo este libro, Estados Unidos experimenta una tensión económica seria. Los números del desempleo y la incertidumbre financiera alcanzan dimensiones no vistas desde la Gran Depresión. Durante recesiones económicas mayores, como esta, el mundo se convence de reducir, ahorrar, ser cuidadoso. Aunque esta mentalidad se concentra únicamente en la autopreservación y la protección de los bienes, ese pensamiento garantiza que nunca obtendrás lo que deseas. Y aunque la mayoría ha entrado en un estado de recesión, pequeños grupos de personas y empresas capitalizan por medio de la expansión. Entienden que estos tiempos de apretarse el cinturón son oportunidades únicas para quitarles a los que adoptan posturas defensivas al reducir el gasto. Dado que la recesión es una forma de retraimiento, viola el concepto de la Regla 10X, que demanda actuar, producir y crear en cantidades masivas sin importar la situación o las circunstancias. Admitiré que será difícil e ilógico expandirse mientras otros adoptan medidas protectoras. Sin embargo, es una manera de hacer las cosas para tomar ventaja. Recuerda: no importa lo que suceda en el mundo en un momento dado, la gran mayoría no actúa masivamente. Aunque, por supuesto, hay tiempos en que debes defenderte, retirarte y conservar, hazlo por periodos cortos, solo para prepararte, reforzarte y atacar de nuevo. Jamás te contraigas de modo continuo. Aunque escuchamos noticias de empresas que quebraron porque se expandieron demasiado rápido, en muchos casos la razón no fue tan simple. Muchas empresas quiebran no por permanecer a la ofensiva, sino porque no se preparan para la expansión y no dominan el sector.

La idea de una expansión constante, inquebrantable, es contraria a la intuición, algo impopular; sin embargo, te separará del resto de la manada más que cualquier otra actividad *per se*. La labor de expandirse cuando otros se contraen no se reduce a un concepto simplista. Se trata de una disciplina muy difícil de aplicar en el mundo real. Pero una vez que la conviertes en tu propio método de respuesta, la capacidad continua de atacar implacablemente cualquier actividad te permitirá avanzar. Cualquier desacuerdo con esto proviene de que la mayoría solo ataca hasta el punto en que encuentra resistencia, y entonces se repliega. Es parecido a retar al bravucón de la escuela y echarse a correr: siempre acaba mal. Si te aproximas a las pruebas de este modo, el mercado, tus clientes y tu competencia no te creerán comprometido con un ataque persistente. Por lo tanto, te amenazarán o criticarán y tú te retraerás. Te darás cuenta de que no funcionó, pero la única razón fue que no te esforzaste lo suficiente para que el mercado, tus clientes y tu competencia finalmente se sometieran a tus esfuerzos. Los ataques repetidos en periodos extensos de tiempo siempre serán exitosos.

Debes implementar la táctica de la expansión sin importar si la economía y quienes te rodean te alientan o no a hacerlo. Digo esto porque vivimos en una sociedad que promueve la contracción y cuando apoya la expansión es demasiado tarde, de ahí la debacle reciente. Las noticias relativas a la contracción deben servirte como indicador de hacer lo contrario. Nunca sigas ciegamente a las masas; casi siempre lo hacen mal. En lugar de seguir a la manada, ¡lidérala! La solución está en expandirte, presionar y actuar, sin importar lo que otros digan o hagan. Vi cómo otros recortaban personal y dólares reservados a promocionar productos durante la pasada recesión, lo que sirvió como luz verde para aumentar mis propias fuerzas. No recorté empleados ni gasto promocional. Más bien aumenté ambos. Aunque vi que nuestras ganancias se reducían junto con las del resto del mundo, opté por reducir mi salario. Reasigné ese dinero a la promoción de mi negocio, lo que aumentó mi presencia y mi cuota de mercado, tomándola de organizaciones que se retraían. ¡De hecho, gasté más en publicidad, mercadotecnia y promoción en el curso de esos dieciocho meses que en dieciocho años! Me doy cuenta de lo disparatado que parece esto. Admito que fue terrorífico y a veces reconsideraba mis acciones. Sin embargo, sabía que si seguía presionando ganaría mucho terreno.

Más importantes que el dinero gastado fueron las demandas que hice a mi personal y a mí mismo en cuanto a expandir el uso de nuestros recursos más valiosos: energía, creatividad, persistencia y contacto con nuestros clientes. Al hacerlo, aumentamos la producción en cada área: llamadas telefónicas, e-mails, boletines de novedades electrónicas, posts en redes sociales, visitas personales, conferencias, teleconferencias, seminarios impartidos por red, conferencias por Skype y cosas así. En ese año y medio publiqué tres libros, introduje cuatro nuevos programas de ventas y produje más de 700 fragmentos de material de capacitación para un sitio de entrenamiento virtual; realicé 600 entrevistas de radio, escribí más de 150 artículos o entradas de blog e hice miles de llamadas personales. Mientras el resto del mundo se retrajo, nosotros nos expandimos en todos los frentes posibles.

Casi todos estaban convencidos de que su único recurso salvador sería el ahorro, y así lo hicieron. Siempre me intrigó pensar que cuando la gente ahorra dinero ahorra asimismo todo lo demás. Es como si la mente fuera incapaz de distinguir entre guardar papeles o números en un banco y conservar energía, creatividad y esfuerzo. El mundo entero contuvo el gasto de dólares y de esfuerzo, mientras unas pocas personas se expandieron. ¿Quiénes crees que terminaron por ganar?

La gente me pregunta cómo y por qué decidí expandirme en un momento de tanta incertidumbre. Mi respuesta fue: «Prefiero morir en expansión que en contracción. Prefiero equivocarme presionando para avanzar que retirándome». Considera esto: ¿en cuál de los cuatro niveles de acción presentados en el capítulo 7 eliges operar? Si permites que la economía determine tu elección, nunca controlarás tu propia economía.

¿La solución? ¡Levántate del sofá, sal de tu casa y gana tu entrada al mercado! Ponte enfrente de los clientes, busca oportunidades y demuestra que avanzas. Procura retraerte por periodos breves, de ser necesario, para reunir los recursos que te prepararán para expandirte por medio de más acción. Tu energía, esfuerzo, creatividad y personalidad valen más que los dólares que los hombres crean y las máquinas imprimen. Y aunque gastar dinero es el método más común que los negocios usan para expandirse, no se trata del único y ni remotamente es tan valioso como asumir acciones 10X de manera consistente y persistente.

Recuerda la 10X. Quieres expandirte con el objetivo de dominar tu sector y llamar la atención actuando masivamente. Solo entonces incrementarás tus contactos, influencias, conexiones y visibilidad con el objetivo de crear nuevos problemas. Entonces continuarás expandiéndote hasta que todos, incluyendo a tus supuestos competidores, sepan que eres un factor determinante 10X y siempre asocias tu nombre con lo que haces.

Ejercicio

¿Cuáles son algunas maneras de expandirte que solo requieren energía y creatividad, no dinero?

_____

_____

_____

_____

¿Cuándo te has beneficiado de una contracción?

_____

_____

_____

_____

¿Cuándo has expandido tus esfuerzos? ¿Qué resultados obtuviste?

_____

_____

_____

_____

15

Quema el lugar

Una vez que actúas en niveles 10X y consigues ganar terreno, añade leña al fuego hasta conseguir una fogata o un incendio que acabe con el lugar. No descanses y no te detengas nunca. Aprendí esto a las malas después de obtener mucho éxito y dormirme en los laureles. Este es un error muy común. ¡No lo cometas! Sigue arrojando leña hasta que el fuego sea tan caliente y brillante que ni los competidores o los cambios del mercado lo extingan. Tu fuego debe seguir brillando, y eso implica más madera, combustible y, en tu caso, más acciones. Una vez que operas de este modo, continuar será como tu segunda naturaleza, porque irás ganando. Es más fácil y natural actuar masivamente cuando estás ganando, y la victoria solo es posible con acciones masivas.

Cuando «calientas» las cosas, inmediatamente te pones al tanto —y hasta te obsesionas— con las posibilidades y ves nuevos niveles de resultados positivos. Tus acciones empezarán a perpetuarse como una rueda que, una vez en marcha, sigue adelante. Newton habló de la ley de la inercia: un objeto en movimiento sigue adelante. Puede que incluso te descubras operando con poco alimento y descanso porque literalmente subsistes con la adrenalina de tus victorias. Más o menos en este momento la gente empezará a manifestarte admiración, y luego te dará consejos. No hagas caso a quienes te sugieren que ya «has hecho suficiente» o te recomiendan descansar o irte de vacaciones. Este no es momento para descanso y celebración; es momento de más acción. Andy Grove, uno de los primeros empleados de la corporación Intel, acuñó el dicho: «Solo los paranoicos sobreviven». Aunque no recomiendo un permanente estado de paranoia, creo que debes comprometerte con la acción. Incluso después de lograr éxitos en el camino, ve más allá tus metas. El tiempo para celebrar o tomar vacaciones llegará. Ahora sigue echando leña hasta que el fuego sea tan grande que nadie —y nada— apague tus éxitos.

Uno de los problemas con el éxito es que demanda atención continua. El éxito bendice a los más comprometidos. Es algo parecido a un jardín: no importa lo verde que se ponga o lo bellas que sean las flores, debes atenderlo: cortar, arreglar el parterre, regar y plantar; de otro modo, tu césped se pondrá color café y las flores se marchitarán. Pasa lo mismo con el éxito. No hay retirada para quienes quieren crearlo y mantenerlo. Es un mito creer que el exitoso deja de realizar los esfuerzos que lo llevaron a la plenitud.

Siempre ten en mente las cuatro acciones: no hacer nada, el retraimiento, la acción promedio y la acción masiva. La Regla 10X significa crear éxito en cantidad suficiente para tenerlo todo bajo control. Los aficionados y la gente cercana son los primeros que no arrojan madera y se retraen. La acción masiva está diseñada para que superes a tus colegas y salgas del ciclo. La mejor manera de no preocuparte por la competencia y la incertidumbre es hacer un fuego tan grande y caliente que todos, incluyendo la competencia, se acerquen a él para darse calor. Ten presente que la mayoría de la competencia es creada por quienes no están dispuestos a operar en niveles superiores de acción y copian los esfuerzos de los demás. Nunca puede haber suficiente madera en tu fuego. Nunca puedes actuar demasiado o acumular demasiado éxito. Nunca hablarán excesivamente de ti o cubrirán noticias tuyas con demasiada frecuencia. Son solo pretextos que la gente mediocre inventa para justificar sus propias decisiones de ser feliz con lo promedio. ¿Cómo puedes actuar demasiado cuando tienes la infinita habilidad de crear nuevas acciones? Fíjate en los protagonistas de este planeta. A ninguno de ellos se le agota la energía, el esfuerzo, la gente, las ideas o los recursos. Disfrutan los regalos de la abundancia porque crean abundancia en sus empresas. Así que, en lugar de resentirte con ellos, admíralos e imítalos. Si lo haces, encontrarás que cuanto más te comprometas con acciones nuevas, más creativo serás. Es como si tu imaginación se abriera y nuevas posibilidades surgieran de ahí. No es la creatividad la que más brilla, sino la capacidad de emprender acciones masivas.

Recientemente me encontré con una firma de relaciones públicas muy importante en Los Ángeles cuyos miembros sugirieron que yo estaba en peligro de «sobreexposición», un concepto que considero extraño. La idea de que puedes ver o escuchar demasiado sobre alguien se basa en el concepto de que una persona no genera nuevas ideas y productos. Se piensa que una persona o producto sobreexpuesto perderá de algún modo su valor. Pero considera lo siguiente: Coca-Cola es conocida casi por cualquier habitante de la Tierra. Puedes encontrar los productos de la compañía en casi todas las tiendas, bares, aviones y hoteles del mundo. ¿Está sobreexpuesta? ¿Debería esconder sus productos? ¿Debe retraerse la empresa por temor de perder su valor porque demasiada gente habla de ella? Esta parece una forma bastante ridícula de pensar. Y existen incontables ejemplos más de productos y empresas que prueban lo que digo —Microsoft, Starbucks, McDonald's, Wells Fargo, Google, Fox TV, Marlboro, Walgreens, Exxon, Apple, Toyota— e incluso algunas personalidades del atletismo y del espectáculo. La sobreexposición no es el problema, sino la ignorancia. Recuerda: si no sabes de mí ni me conoces, no importa lo bueno que sea mi producto o lo bajo que sea mi precio. E incluso si este fuera el caso, prefería estar sobreexpuesto a afrontar la ignorancia.

El hecho triste pero real es que la mayoría de la gente ni siquiera enciende una hoguera. O están mal educados, programados socialmente para conformarse con menos, o temen que sus acciones se salgan de control de algún modo. Te aseguro que esto no sucederá. Debes hacer que tu fuego sea tan grande y tan caliente que no solo queme la casa hasta sus cimientos, sino que lo incinere todo a tu paso. Ve con todo y sigue así hasta que el fuego arda tanto que la gente quede admirada por tu capacidad de acción. No te preocupes por la resistencia que encontrarás en el mercado o en tus competidores. Se quitarán de tu camino una vez que vean que eres una fuerza reconocida.

Ejercicio

¿Cuál es el fuego que siempre has querido iniciar y alimentar con leña?

_____

_____

_____

_____

Menciona tres cosas que podrías hacer para echar leña al fuego.

_____

_____

_____

_____

¿De quién puedes obtener apoyo para alimentar tu fuego?

_____

_____

_____

_____

16

El miedo es el gran indicador

Tarde o temprano experimentarás miedo al realizar nuevas acciones en otros niveles. De hecho, si no temes, no estarás haciendo lo correcto. El temor no es malo, al contrario, es algo que debes buscar y aceptar. El miedo es una señal de que haces lo necesario para moverte en la dirección correcta.

En ausencia de señales de preocupación, solo haces lo que te resulta cómodo, y eso te dará más de lo que ya tienes. Por extraño que parezca, debes estar asustado hasta que te hayas impulsado a nuevos niveles y experimentar el temor de nuevo. De hecho, lo único que me espanta es la falta de temor.

¿Qué es el miedo? ¿Existe? ¿Es real? Sé que se siente real cuando lo experimentas, pero admítelo: la mayor parte del tiempo, lo que temes ni siquiera sucede. Se ha dicho que la palabra *FEAR* [«miedo» en inglés] puede ser el acróstico de Falsas Evidencias que Aparecen como Reales, lo que implica que la mayoría de lo que temes ni siquiera ocurre. El miedo está provocado por las emociones, no por el pensamiento racional. Y en mi humilde opinión, las emociones están muy sobrevaloradas, son el pretexto que mucha gente usa para no actuar. Pero sin importar que estés o no de acuerdo con mi opinión sobre las emociones, reconsidera tu entendimiento del miedo y úsalo como razón para seguir adelante y no como excusa para detenerte o retraerte. ¡Utiliza este sentimiento como luz verde para indicarte lo que debes hacer!

Lo más probable es que, cuando eras niño, te provocaban temor las cosas irracionales (el coco debajo de la cama, por ejemplo). Era un indicador para que mirases en tu armario y las esquinas oscuras para ver si algo amenazaba. Pero como todos los niños descubren, el coco solo existe en su cabeza. Los adultos tienen sus propios cocos: lo desconocido, el rechazo, el fracaso, el éxito y demás. Y estos cocos deben ser una señal para entrar en acción también. Por ejemplo, si tienes miedo de llamar a un cliente, es señal de que debes llamarlo. El temor a hablar con el jefe es un indicador de que debes entrar en su oficina y pedirle un momento de su tiempo. El temor a pedir el negocio al cliente significa que debes pedirlo y seguir pidiéndolo.

La Regla 10X o Regla de oro impulsa a que te separes de todos los demás en el mercado. Y eso se logra —como ya enfaticé— haciendo lo que otros rehúsan. Solo así te distinguirás y dominarás tu sector. Todos sentimos miedo en algún nivel y, dado que el mercado está compuesto de gente que interactúa con los productos y entre sí, esta se enfrenta del mismo modo que tú y tus colegas. Pero más que ver en el miedo una señal para echarte a correr —como la mayoría de las demás personas en el mercado—, debe convertirse en un indicador para seguir adelante. Yo manejo este dilema sacando al tiempo de la ecuación, puesto que impulsa el miedo. Cuanto más tiempo dedicas al asunto de tu aprensión, más fuerte se vuelve. Por ejemplo, digamos que John necesita llamar a un cliente, tarea que de inmediato lo llena de ansiedad. Así que en lugar de levantar el teléfono y hacer la llamada, se sirve una taza de café y piensa en lo que hará. Su contemplación solo causa que su temor crezca, puesto que imagina posibilidades en contra de la llamada. Si se lo haces notar, probablemente te dirá que necesita «prepararse» antes de llamar. Pero la preparación es solo la excusa de quienes no se entrenan y la usan para justificar su reticencia. John necesita respirar hondo, coger el teléfono y llamar. La preparación de último minuto es alimento para el miedo, y se fortalece conforme pasa el tiempo. Nada sucede sin acción.

El miedo no solo te indica qué hacer; también cuándo hacerlo. Pregúntate qué hora es en cualquier momento del día y la respuesta será siempre la misma: ahora. El tiempo siempre es ahora, y cuando experimentas temor, es señal de que es el mejor momento para entrar en acción. La mayoría de la gente no persigue sus metas cuando pasa demasiado tiempo desde la concepción de la idea hasta el momento de actuar; sin embargo, si quitas el tiempo del proceso, estarás listo para empezar. No existe otra opción que entrar en acción. No hay necesidad de prepararse. Es demasiado tarde para eso cuando se ha llegado tan lejos.

Ahora, lo único que marca la diferencia es la acción. Todos tenemos la experiencia de fracasar al hacer algo. Tal vez cuando te sentiste «listo» para hacerlo, ya alguien más había actuado y ahora lo lamentas. El fracaso llega de muchas maneras: ocurre cuando no actúas y cuando lo haces. Sin importar el resultado, diría que es mucho mejor equivocarse haciendo algo que prepararse mientras otro llega y se queda con tus sueños.

Este escenario tiene lugar todos los días en el mundo de los negocios. La gente dedica mucho más tiempo a sus miedos del que merecen. Esperan para hacer la visita personal o realizar la llamada, escribir el e-mail o presentar la propuesta porque temen el desenlace. Muchos individuos comparten las mismas excusas de por qué no es buen momento para entrar en acción. El cliente está saliendo de la ciudad. El cliente acaba de regresar a la ciudad. Es el final o principio de mes. Los clientes han estado en reuniones todo el día. Están a punto de entrar a una junta. Acaban de comprar algo. No tienen presupuesto. Están haciendo recortes. Los negocios no van bien. Ha habido cambio de administración o de equipo. No quiero incomodarlos. De cualquier manera, nunca me devuelven las llamadas. Nadie más puede venderles. Son poco realistas. No sé qué decir. Aún no estoy listo. Los llamé apenas ayer. Y la lista sigue y sigue. Ni todas las excusas del mundo cambiarán un solo hecho: el miedo es una señal de que debes hacer lo que temes, y rápido. Mi esposa me dice que al parecer jamás tengo miedo. La verdad es justo lo contrario; temo la mayor parte del tiempo. No obstante, evito alimentar mi miedo con tiempo y así le impido fortalecerse. Opto mejor por hacer que las cosas sucedan rápidamente. He aprendido que es mejor para mí hacer las cosas así. Experimentarás lo mismo cuando te decidas finalmente a hacer lo que temes. De hecho, te sorprenderá saber cuánto te fortaleces y aumenta tu confianza cuando haces cosas nuevas.

Actuar rápida y repetidamente te asegurará llegar al mercado sin dar la impresión de temer. La persona que actúa respecto a lo que más teme será la que más avance en su causa. Deja que el resto del mercado se someta a la ansiedad y se prepare para los Falsas Evidencias que Aparecen como Reales. Tú debes trabajar.

El miedo es una de las emociones humanas más incapacitantes. Inmoviliza a la gente y evita que persiga sus metas y sueños. Todos tememos algo en la vida; sin embargo, lo que nos distingue es qué hacemos cada cual con nuestro miedo. Cuando permites que el miedo te detenga, pierdes energía, tiempo y confianza y tus temores crecen.

¿Alguna vez has visto a algún comefuego? Parece que el truco es acabar con el oxígeno que el fuego requiere para seguir encendido. Si lo sacas demasiado pronto, el oxígeno reavivará el fuego y te quemará. Lo mismo sucede con el miedo: si te echas atrás le das oxígeno para vivir. Así que comprométete, retira el tiempo de la ecuación, quita poder a los temores y serás capaz de emprender más acciones. Cómete tus miedos; no los alimentes con tu retirada ni dándoles tiempo para crecer. Aprende a buscarlos y úsalos para saber cómo superarlos y avanzar en tu vida. Toda persona exitosa usa el temor como indicador para determinar sus acciones. Yo lo uso en mi propia vida para hacerme consciente de que crezco y me expando. Si no experimentas miedo, no ejerces nuevas acciones ni creces. Es tan simple como eso. No se requiere dinero o suerte para crear una gran vida; se requiere de habilidad para superar temores con velocidad y poder. El temor, al igual que el fuego, no es algo de lo que debas alejarte. Más bien debes utilizarlo para impulsar las acciones de tu vida.

Ejercicio

¿Cuáles son tus tres más grandes temores?

_____

_____

_____

_____

¿A quién temes llamar y podría ayudarte a mejorar tu negocio?

_____

_____

_____

¿Qué has aprendido sobre el miedo en este capítulo?

_____

_____

_____

_____

17

El mito sobre la gestión del tiempo

Debo comenzar este capítulo admitiendo que no me considero un gran administrador ni un gran planificador. De hecho, ni siquiera he escrito un plan de negocios. Sin embargo, siempre soy capaz de administrarme para fundar varias empresas desde cero. La gestión del tiempo nunca me ha parecido valiosa, aunque claro que invierto más tiempo en las cosas que me parecen valiosas.

A menudo me hacen preguntas sobre la gestión del tiempo y el equilibrio en mis seminarios. A lo largo de mi carrera, descubrí que la gente que más se preocupa por la gestión del tiempo y el equilibrio en sus vidas es la que cree en las nociones de escasez antes analizadas. La mayoría ni siquiera sabe cuánto tiempo tiene disponible o qué labores son más importantes en ese periodo. Si no sabes cuánto tiempo tienes —o necesitas—, entonces ¿cómo gestionarlo o equilibrarlo?

Lo primero es convertir el éxito en tu deber al establecer prioridades distintas y definitivas. No puedo hacer esto por ti, evidentemente; las prioridades de cada uno son distintas. No obstante, si el éxito es una cuestión importante para ti, entonces te sugeriría pasar la mayor parte del tiempo haciendo cosas que creen éxito. Por supuesto, no sé qué significa el éxito en tu vida. Puede implicar varias personas y cosas: finanzas, familia, felicidad, espiritualidad, bienestar físico y emocional o, si eres como yo... ¡todas juntas! Y recuerda:

puede tratarse de todas ellas. En lo personal, no me interesa el equilibrio, sino la abundancia en todas las áreas. No pienso que tenga que sacrificar en un área en pro de otra. La gente exitosa piensa en términos absolutos, mientras que la gente poco exitosa establece límites. Pueden creer lo siguiente: «Si soy rico, no puedo ser feliz» o «Si tengo éxito en mi carrera, no tendré tiempo para ser un buen padre, esposo o individuo espiritual». De hecho, es interesante notar que la gente que limita lo que está a su disposición también se inclina a hablar del «equilibrio». Sin embargo, esta forma de pensar es errónea y ni la administración del tiempo ni el equilibrio podrán resolverla.

En lo que a mí respecta, no tiene sentido que la gente se preocupe por la gestión del tiempo y el equilibrio. La pregunta que deben formularse es: «¿Cómo puedo tenerlo todo en abundancia?». La gente exitosa ha logrado las cosas que desea en cantidades tan grandes que nadie puede quitárselas. ¿Y cómo considerarse exitoso si él o ella no es feliz? ¿Qué felicidad hay en no pagar las cuentas ni proveer a la familia o en vivir preocupado por el futuro? Al lograr una meta es el momento de establecer otra. Deja de pensar en términos de «esto o aquello» y piensa en obtenerlo todo. Mientras escribía esto, un cliente me envió un mensaje preguntando: «¿Descansas alguna vez?». Le respondí: «¡NUNCA!». Por supuesto que descanso, al igual que cualquier otro ser humano. Sin embargo, también sé cuánto tiempo tengo disponible para mí, cuáles son mis prioridades y mi deber; mi obligación y responsabilidad es perseguir mis objetivos en el tiempo de que dispongo. Te reto a llevar un registro de cómo inviertes tu tiempo disponible, tal vez en un diario. La mayoría de la gente no tiene idea de qué hace con el tiempo, pero se queja de no tener suficiente.

Cada persona dispone de 168 horas a la semana y, basándome en una semana típica de 40 horas de trabajo, el empleado estadounidense promedio es productivo solo el 37,5 por ciento de esas 168 horas (con 30 minutos para comer al día). Es poco probable que la gente trabaje estas 37,5 horas restantes. De hecho, el individuo promedio pasa el 22,3 por ciento de su tiempo disponible en el trabajo, el 33,3 por ciento durmiendo y el 16,6 por ciento frente a la televisión u online, ¡y esas comparaciones asumen que la persona pasa el cien por cien de su tiempo trabajando en realidad! Son las que se preocupan por la gestión del tiempo y por el equilibrio. Pero no olvidemos que siempre tendrá lugar un desequilibrio cuando no haces lo suficiente con tu tiempo.

Mientras la mayoría dice valorar el tiempo, no parece preocuparse mucho por él. ¿Quién crea el tiempo? ¿Creas tú tu propio tiempo o lo hace alguien más? ¿Qué puedes hacer para crear más tiempo? ¿Qué significa la expresión «el tiempo es oro»?

¿Cómo abordas el tiempo para asegurarte de que se convierta en dinero? ¿Qué es lo más importante que hacer con tu tiempo? Todas estas preguntas son valiosas y requieren de tu atención para maximizarlo. Asumamos que vivirás setenta y cinco años; eso equivale aproximadamente a 657.000 horas o a 39.420.000 minutos. Toma cualquier día de la semana; tienes 3.900 lunes, martes, miércoles, etcétera. Ahora —y esta es la parte que da miedo— si tienes treinta y siete años, te quedan solamente 1.950 miércoles. ¿Qué pasaría si te quedaran 1.950 dólares a tu nombre? ¿Serías testigo de cómo se esfuman o harías todo lo posible para aumentar esa cantidad? Yo creo hacer más con 1.950 horas que la mayoría de la gente. La única manera de aumentar el tiempo es hacer más con él. Si yo realizo 15 llamadas en 15 minutos y tú haces 15 llamadas en una hora, entonces he creado 45 minutos para mí mismo. De este modo, la Regla 10X hace posible la multiplicación del tiempo. Si contrato a alguien y le pago 15 dólares por hora para hacer 15 llamadas cada 15 minutos, entonces he duplicado mis esfuerzos y mi tiempo se convierte en dinero.

Para entender, gestionar, maximizar y aprovechar cada oportunidad que te brinda el tiempo comprende y aprecia del que dispones. Primero controla tu tiempo sin permitir que otros lo hagan por ti. Si escuchas a la gente discutiendo sobre el tiempo, en especial del que disponen en el trabajo, probablemente escucharás muchas quejas. La gente actúa como si el trabajo fuera algo que debe terminarse, pero en realidad pasa muy poco de su tiempo haciéndolo. La mayoría de la gente trabaja lo suficiente para que la actividad se sienta como un trabajo, mientras que la gente exitosa trabajará a un ritmo que da resultados tan satisfactorios que el trabajo es una recompensa. La gente exitosa ni siquiera lo llama trabajo; para ellos, es una pasión. ¿Por qué? ¡Porque hacen lo suficiente para ganar!

Una buena manera de lograr el equilibrio es trabajar más duro mientras se está en la oficina. Esto no solo te dejará con más tiempo, te permitirá experimentar las recompensas de tu trabajo y hará que lo sientas menos como una labor y más como el éxito. Trata de hacer las cosas así: siéntete agradecido de ir al trabajo y mira cuánto puedes hacer con tu tiempo. Conviértelo en una carrera, un reto, algo divertido.

Lo primero cuando gestionas tu tiempo y buscas equilibrio es decidir lo que es importante para ti. ¿En qué áreas quieres lograr el éxito y en qué cantidades? Escribe esos datos en orden de importancia. Luego determina el tiempo disponible y decide cuánto asignarás a cada tarea. Otra cosa importante es llevar un registro de cómo gastas tu tiempo diario, y me refiero a cada segundo. Esto te permitirá ver todas las maneras en que desperdicias el tiempo: pequeños hábitos y actividades que en nada contribuyen a tu éxito. Cualquier acción que no añada madera a tu fuego considérala un desperdicio —piensa en la Xbox, el póquer online, ver la televisión, la siesta, en los tiempos robados para fumar—; la lista potencial es infinita. Brutal, ¿no? Sí lo es, pero si no gestionas tu tiempo, lo desperdiciarás.

Por supuesto, las cosas cambian a lo largo de tu vida y de tu carrera. Envejeces. Logras y luego generas nuevas metas. Distintas personas entran en tu mundo. Todos estos cambios requieren modificar tus prioridades. Por ejemplo, durante años escuché que yo no sabía cómo equilibrar el trabajo con la familia porque no tenía hijos propios. Bueno, recientemente tuve a mi primera hija —sin duda un acontecimiento que demanda más de mi tiempo— y fui capaz de experimentar esto en carne propia. Lo que descubrí no fue un problema con el equilibrio o el trabajo, sino una solución basada en prioridades.

Mi hija me dio otra razón para crear éxito, no una excusa para no trabajar más. Ella es la gran motivadora para hacer las cosas, porque ahora lo hago por ella y por mí. No puedes culpar a tu familia por no crear el éxito que mereces. ¡Ellos deben ser la razón por la que deseas tenerlo!

Podría parecer difícil, pero hay maneras de hacer que las cosas funcionen. Lleva una agenda que te permita realizar las cosas prioritarias. Por ejemplo, mi solución fue añadir una hora diaria a mis días para pasar tiempo con mi hija. Mi esposa y yo creamos un horario que me daría tiempo para ellas, sin que esto influyera de modo negativo en el horario laboral que me brinda éxito financiero. Lo primero que mi mujer y yo hicimos fue diseñar el horario de sueño de la niña alrededor de nuestras prioridades. Estuvimos de acuerdo en que nos levantaríamos una hora antes cada día para salir con la niña cada mañana. Esto aseguraría que yo tendría tiempo de calidad cuando estoy en casa con mi hija antes de ir a la oficina. También daría a mi esposa un poco de tiempo extra para dormir. He hecho esto desde que mi hija tenía unos seis meses y funciona a las mil maravillas. La llevo conmigo al supermercado cada mañana para presentarla a la gente que trabaja ahí. El resto del día me pertenece para producir en el mundo de los negocios. Debido a que levantamos a la niña bastante temprano, se duerme antes de las siete de la noche. Entonces mi esposa y yo disponemos de tiempo de calidad para estar juntos en pareja.

Entendemos que este sistema cambiará conforme la niña crezca. Sin embargo, controlamos el tiempo para intentar gestionarlo de forma competente. Nuestra decisión de establecer prioridades y comprometernos con una solución nos permite ser nuestros propios jefes en cuanto al tiempo. Cuanto más ocupado te vuelves, más tienes que gestionar, controlar y priorizar. Aunque ciertamente no tengo una fórmula científica que facilite esto, sí te digo: si comienzas por comprometerte con el éxito y luego aceptas controlar el tiempo, crearás una agenda en la que cabrá todo lo que deseas.

Decide cómo usarás el tiempo: mandar, controlar y exprimir cada segundo para aumentar tu dominio del mercado. Haz que todos los involucrados —familia, colegas, socios, empleados— reconozcan y estén de acuerdo acerca de las prioridades. Si no lo haces, tendrás a personas con distintas agendas tirando de ti en todas direcciones. Mi agenda funciona para mí porque todos en mi vida —desde mi esposa hasta la gente que trabaja para mí— saben qué es lo que más me importa y entienden cómo valoro el tiempo. Esto nos permite manejar todo lo que se nos presenta en el camino.

En nuestra cultura se nos alienta a «disminuir el ritmo, relajarnos, tomar las cosas con calma y encontrar el equilibrio», siendo felices con el sitio en el que nos encontramos y con lo que tenemos. Aunque esto suena bien en teoría, será muy difícil para la gente que no intenta controlar su vida. La mayoría no logra «relajarse y tomárselo con calma», puesto que no hace lo suficiente para librarse de la pobre existencia que deriva de las acciones mediocres. El trabajo debe aportar un propósito, una misión y un sentido del logro. Estas cosas son vitales para el bienestar mental, emocional y físico de toda persona. La gente que promueve el New Age y que da el consejo esotérico de «tomárselo con calma» fomenta una mentalidad que a nadie le hace bien. Considera lo que este pensamiento ha creado en la gente: relajamiento, atrasar las cosas, falta de sentido de urgencia, tendencia a culpar a los demás, irresponsabilidad y la expectativa de que alguien debe solucionar nuestros problemas.

¡Despierta! Nadie te salvará, ni cuidará de tu familia o de tu jubilación. Nadie hará que las cosas funcionen para ti. La única manera de lograrlo es utilizar cada momento del día a niveles 10X. Esto asegurará que cumplas tus metas y sueños. Felicidad, seguridad, confianza y plenitud derivan de tus dones y energía para lograr el éxito. Y se requiere de cada momento de tu tiempo, que te pertenece y que solo tú controlas.

Ejercicio

¿Cuánto tiempo pasas en el trabajo cada día?

_____

_____

_____

_____

¿Cuánto tiempo desperdicias al día (mirando la televisión, fumando, bebiendo, durmiendo de más, tomando café, en comidas o reuniones que no ofrecen oportunidades de negocio)?

_____

_____

_____

_____

¿Cómo desperdicias el tiempo?

_____

_____

_____

_____

¿Qué te ha enseñado este capítulo sobre el tiempo?

_____

_____

_____

_____

18

La crítica es una señal de éxito

Aunque ser criticado no es lo mejor del mundo, tengo grandes noticias para ti: recibir críticas es una señal segura de que vas por buen camino. No debes evitar la crítica; más bien espérala una vez que empieces a tener éxito.

La crítica se define como el juicio de méritos y faltas en el trabajo o acciones de un individuo. Aunque criticar no necesariamente significa «falta», la palabra suele tomarse como prejuicio o desaprobación. El diccionario se equivoca al incluir el siguiente dato importante: cuando empieces a adoptar acciones y, por lo tanto, a crear éxito, la crítica estará cerca.

Por supuesto, a la mayoría no le gusta ser criticado. Sin embargo, es el resultado natural de llamar la atención. Quizá por esto algunas personas evitan llamar la atención para impedir el juicio. Pero no hay modo de lograr niveles serios de éxito sin captar algo de atención. Sí, la gente te echará el ojo y te dejará claro que desaprueba lo que haces. Afrontémoslo: no importa qué elecciones hagas en la vida, alguien te criticará en algún punto del camino.

¿No preferirías recibir esa crítica por parte de gente celosa de tu éxito y no por parte de tu familia, de tu jefe o de tus clientes por no actuar lo suficiente? Cuando actúas no pasa mucho tiempo sin que seas juzgado por la gente que no actúa. Si generas el suficiente éxito, la gente presta atención. Algunos te admirarán, otros querrán aprender de ti, pero la mayoría te envidiará. Se trata de la gente cuyas excusas por no hacer lo suficiente se convertirán en razones de por qué está mal lo que haces.

Esto será uno de los signos del éxito. Llegará cuando actúes plenamente a niveles 10X, por lo general antes de que tu logro sea incluso evidente. Cuidado: esta crítica se presentará en varias maneras. Quizá bajo la forma de un consejo: «¿Por qué gastas tanta energía en ese cliente? Nunca compra nada», o «¡Deberías disfrutar más de la vida! No todo es trabajo». Estas son cosas que la gente dice para sentirse mejor, ya que tu abundancia destaca su deficiencia. Recuerda: el éxito no es un concurso de popularidad. Es tu deber, obligación y responsabilidad.

Un amigo mío que se dedica al negocio de las vallas en Luisiana una vez admitió: «Grant, no quiero atención. En cuanto la obtengo la competencia viene a por mí. Quiero volar bajo el radar para que nadie sepa lo que hago». Aunque es una manera de acercarse al éxito, no se puede «volar bajo el radar» durante demasiado tiempo y llegar a la cima. Agachar la cabeza para evitar la atención (y, consecuentemente, la crítica) significa que te limitas de alguna manera. Tu temor a que te ataquen evita que vayas a por todas. Una vez que los pesimistas se percatan de las cosas y reconocen que no te irás —y que tu éxito es algo que deben imitar, no juzgar— se darán por vencidos y buscarán criticar a otra persona.

Los individuos débiles y abrumados responden al éxito de otros atacándolo. Al elegir dominar o adquirir territorio, corres el riesgo de convertirte en blanco de esta gente. Ves esto en la política: cuando ningún bando dispone de una solución real se critican y echan la culpa, y eso no hace bien a nadie. La crítica de cualquier individuo o grupo debe ser señal de que quien arroja lodo se siente amenazado. La gente que habla mal de otros por lo general no tiene respuesta a su propia situación, solo denigra a los contrincantes.

La única manera de manejar la crítica es tomarla como un elemento de tu fórmula para el éxito. Al igual que el miedo, es una señal de que haces los movimientos correctos en la cantidad indicada, de que captas suficiente atención. Uno de mis clientes llamó para quejarse de que mi equipo lo había seguido agresivamente. Después de criticar a mis empleados por hacer su trabajo, le dije: «Basta. Hacen lo que deben hacer porque de esta forma podemos ayudarlo. El hecho de que no decidiera continuar avanzando y presionar es lo que supone un motivo de crítica, pero lo evitaré porque a nadie beneficiaría con ello. Ahora vamos a parar la negatividad y hagamos algo para mejorar su compañía». Luego felicité a mi equipo por dar un seguimiento agresivo a este cliente. Recibir quejas por «demasiado seguimiento» es un indicador de que mi equipo se mueve en la dirección correcta. Evité que las protestas del cliente nos detuvieran y apoyé a mi equipo. Todos entendemos que la crítica es parte del ciclo del éxito, y no me disculparé porque un empleado mío lo busque. Y en caso de que preguntes, sí, cerramos el trato. Este mismo cliente ahora dice a la gente con admiración que nosotros «hacemos un seguimiento de maníacos».

Cuando terminé la universidad, conseguí un empleo a tiempo completo en ventas en lugar de obtener un puesto en el área en que me gradué. En un par de años, mis resultados me llevaron a formar parte del 1 por ciento que constituía el grupo de mejores vendedores del sector, muy por encima de la gente con la que trabajaba. Y si crees que no me criticaban, piensa de nuevo. ¡Claro que lo hacían! Bromeaban sobre mí, se burlaban, trataban de distraerme e incluso de convencerme para que dejara de hacer lo que me había llevado adonde estaba. Es lo que hacen quienes trabajan peor: ¡fingen que quienes hacen las cosas están mal para sentirse bien por no hacer nada! Las personas con buenas actuaciones —los ganadores— responden estudiando a la gente exitosa y duplicando su éxito. Se entrenan para llegar a los niveles más altos. Debido a que los que no cumplen lo suficiente no están dispuestos a asumir la responsabilidad de aumentar su producción, solo se dedican a criticar a quienes trabajan en niveles más altos.

Cuando mi libro *Si no eres el primero, eres el último* llegó a la lista de los más vendidos del *New York Times*, algunos de mis competidores me criticaron. Una persona dijo que el título era arrogante. Otra preguntó: «¿Quién se cree Cardone?». Otra más sugirió que estaba «creciendo demasiado para mi propio bien». Alguien llegó a decirme que consiguiera un nuevo editor porque la gramática estaba mal. ¿Hice caso a alguno de estos comentarios? Ni un segundo. ¡Yo era el autor de uno de los libros más vendidos según el *New York Times*!

Hasta donde sé, la crítica precede a la admiración y, nos guste o no, va de la mano del éxito. Sigue teniendo éxito y, tarde o temprano, la misma gente que te critica te admirará por lo que hiciste. Quienes inicialmente juzgaron tus actos te alabarán y eso pasará mientras asumas la crítica como signo de tu éxito creciente, manteniendo el acelerador a fondo para impulsar tus acciones 10X. Después de todo, ¿qué mejor manera de defenderte de la crítica que tener más éxito?

Ejercicio

¿Qué has aprendido sobre la crítica?

_____

_____

_____

_____

¿Qué críticas te gustaría escuchar más de la gente?

_____

_____

_____

_____

Da tres ejemplos de personas que primero criticaron a alguien para después admirarlo.

_____

_____

_____

_____

19

La satisfacción del cliente es el objetivo equivocado

El tema de la crítica brinda un marco ideal para iniciar la discusión sobre el manoseado concepto de la «satisfacción del cliente». Una de las primeras protestas que escucho cuando promuevo la idea de las acciones 10X es su preocupación por dañar la satisfacción del cliente. Se avergüenzan si ellos o su empresa insisten demasiado, volviéndose agresivos, y por si afectará a la reputación de la marca. Aunque supongo que es posible, resulta más probable —debido a la sobreabundancia de productos y organizaciones disponibles hoy— que la gente no sepa de ti ni de tu empresa y ni siquiera note tu marca de entrada. La junta directiva de un canal de televisión de alcance nacional se preocupó por si un nuevo programa que emocionaba mucho a los ejecutivos no se ajustaba a la imagen de la marca. Yo les dije: «Si no llevan a casa de la gente programas actuales y relevantes, no habrá una marca que defender». Cuando te equivocas al encontrar apoyo, al establecer una clientela, hallar inversores y cerrar el trato porque no hiciste lo necesario y luego te escondes bajo la excusa de proteger la marca y la satisfacción del cliente, estás muy cerca de coger una pala y cavar tu propia tumba.

El servicio al cliente es el objetivo equivocado; aumentar el número de clientes es el correcto. Esto no significa que la satisfacción del cliente no sea importante. Todos sabemos que deben estar satisfechos y felices para provocar un boca a boca positivo. Si tu servicio, producto o inversión no satisface, entonces eres un criminal y este libro solo servirá para llevarte a la cárcel. Haz que tu foco principal sea obtener la atención y *generar* clientes antes de hacerlos felices.

Permite que lo explique con simplicidad. ¡La satisfacción del cliente no me interesa mucho! ¿Por qué? Sé que cumplimos de sobra con nuestros clientes y damos un servicio mucho más que satisfactorio. Cumplimos de más con cada cliente y jamás decimos que no hasta que es imposible hacerlo. Ni siquiera hablamos de la satisfacción del cliente en mi oficina. Hablamos mucho sobre cómo atraerlos a nuestro programa para aumentar su satisfacción. Supongo que queda claro. Es imposible aumentar la satisfacción del cliente sin incrementar su número. Ya sea que alguien me contrate para recibir el consejo semanal o compre un libro de 30 dólares o un programa de 500, o que me contrate por servicios de larga duración por un millón de dólares, siempre cumplimos dando más de lo esperado. Solo me preocupo por conseguir nuevos clientes y luego cumplo de más con ellos.

Me preocupa más la satisfacción de los no consumidores; esto es, la gente que está insatisfecha porque no tiene mi producto y tal vez ni siquiera sabe que es infeliz por ello. Sé que los únicos clientes insatisfechos son quienes no tienen mis productos o los tienen y no los usan correctamente. Hablamos de cómo lograr que aumenten el uso de nuestro material, sistemas y procesos, pues es la única manera de aumentar la satisfacción del cliente. No tener un cliente o permitir que use incorrectamente los productos es más negativo de lo que cualquier especialista en satisfacción del cliente puede pensar. Uno que recibe el paquete con un día de retraso es un problema que debemos atender, pero el que nunca compra tu producto sugiere que en realidad tienes un problema de satisfacción del cliente porque, en primer lugar, no hiciste que esa persona lo fuera. El primer problema se arregla fácilmente. El segundo acabará contigo. Yo busco clientes cualificados para hacer negocios. Luego atiendo a ese individuo o empresa hasta que está de acuerdo en contratarme, sabiendo que, al obtener mi producto o servicio, estará satisfecho. No es una frase nada más. Es lo que me parece verdad. ¡Conseguir al cliente es esencial para la satisfacción de este, y la satisfacción del cliente no existe sin él! Conseguirlo es lo más importante para mí. Sucede lo mismo en las relaciones: lo primero es conseguir la esposa, luego hacerla feliz y hacer crecer la familia para buscar la manera de hacer a todos felices. ¿Qué es más importante en este esquema? Conseguir la esposa fue capital para lograr su satisfacción.

Es imposible que una empresa cree éxito concentrándose en la satisfacción del cliente. Me parece que esta tendencia ha impedido conseguirlos. Las empresas se debilitan en tal grado con la satisfacción de los clientes que muchas fracasan en obtenerlos agresivamente aumentando su cuota de mercado.

El servicio al cliente es un término para medir de qué manera productos y servicios satisfacen o exceden las expectativas del cliente después de la compra. Esta afirmación supuestamente diferencia entre clientes de las marcas que seguirán siéndolo y quienes las abandonan. Sin embargo, la mayoría de los sitios a los que voy nunca me dan suficiente servicio antes de la venta para hacer de mí un cliente. Los ejecutivos hablan de la importancia del servicio al cliente desde sus torres de marfil, pero se olvidan de conseguirlos para empezar. La mayoría de los productos no captan mi atención en grado tal que me sienta obligado a comprarlos sin la ayuda de la empresa. Pero la mayoría de los vendedores nunca se molestan en pedir al cliente que compre cuando tienen la oportunidad, y luego se equivocan en el seguimiento. Por lo tanto, nunca lo consiguen.

Hacemos campañas con compradores anónimos para las empresas y estas han validado lo dicho una y otra vez: el mayor problema es que, en primer lugar, ¡no consiguen clientes! Si tienes una oferta inferior —un producto que no hace lo que afirmas y hace que la gente se sienta engañada—, el mercado se deshará de ti más pronto que tarde. Pero la mayoría de la gente no fracasa porque su oferta sea peor o por tener un producto pobre. ¡La mayoría de la gente fracasa porque nunca consigue suficientes clientes!

¿Ofrece Starbucks el mejor servicio al cliente y el mejor café disponibles? No lo sé. Pero la empresa ha realizado una inversión seria por lograr que sea fácil y conveniente comprar su café.

¿Le preocupa a Starbucks que la gente espere demasiado en la fila y obtenga el café correcto o la saluden? Por supuesto. Pero te aseguro que la empresa se preocupa primero por conseguir el cliente. ¿Ofrece Google el mejor motor de búsqueda y la mejor experiencia y servicio para el cliente? ¿Busca mejorar la experiencia? Sin duda. Pero primero domina su espacio atrayendo tanta atención que es el primer sitio de internet que la gente usa. ¿Cuál es mi opinión en este caso? Las marcas que realmente dan satisfacción al cliente no hablan del servicio; se concentran en conseguirlos. Las organizaciones emergentes necesitan contar con personas que sepan sobre ellas, y luego realizar todo lo posible por hacerlas felices. Recuerda: la satisfacción no existe sin que la preceda un cliente.

Las corporaciones estadounidenses se han obsesionado tanto con la satisfacción del cliente que pierden de vista el primer y más vital de los factores: ¡conseguirlos! «Procura que lo principal siga siendo lo principal», suelen decir en el sur de Estados Unidos. La satisfacción del cliente no debe ser una iniciativa, sino algo inherente a una organización que antepone conseguirlos. Procurar la atención de un cliente o mercado potencial y fallar en la creación de un usuario de tus productos y servicios no tiene sentido y constituye el más grave de los errores. No obstante, eso es justo lo que sucede en muchas organizaciones.

Digamos que una empresa capta mi atención el tiempo suficiente para considerar sus productos, pero no hace lo necesario para ganarse mi negocio y «cerrarme» (hacerme su cliente). Al no ser su cliente es imposible que me convierta en uno satisfecho. Solo aconsejo que no empieces la casa por el tejado. Fíjate en cómo los ejecutivos se preocupan por la satisfacción del cliente y lanzan iniciativas para llevar a cabo encuestas de satisfacción, ignorando por completo a las personas que no son clientes. Este es un error enorme y un gran ejemplo de una «práctica única» (discutida en el capítulo 10) que te demostrará cómo conseguir más clientes. Además de encuestar a quienes ya son clientes, obtén información de quienes no te compraron, ¡pues así averiguarás mucho más sobre la verdadera satisfacción! ¿No te gustaría saber por qué no te quedaste con el negocio? ¿Piensas que no lograste satisfacer a un cliente y, por lo tanto, nunca consigues uno? Muchas empresas fallan no por falta de calidad en el producto, servicio u oferta. Fallan porque no realizan suficientes acciones estratégicas que les granjeen en primer lugar el apoyo —el cliente—. Es por eso por lo que sugiero que la satisfacción del cliente es el objetivo equivocado: nunca llegas a tener la oportunidad de satisfacer a alguien que no lo es.

No niego la satisfacción del cliente tras la compra, sino centrar tu atención en la adquisición del cliente. También tienes que entender que es imposible prevenir todas sus quejas. Por supuesto que podrás mejorar tu producto o servicio, pero cuando tratas con seres humanos, te enfrentas a quejas e insatisfacción. Así de simple. Lo mejor es resolver las quejas y la insatisfacción cuando surgen (surgirán, lo aseguro) y tratarlas como oportunidades para comunicarte con tus clientes. Lo que necesitas es que más gente interactúe con tu producto o servicio y con la empresa. Sí, las quejas aumentan cuando trabajas con seres humanos, pero también los halagos. Incrementa el número de usuarios de tu producto o servicio por medio de la acción masiva, no de iniciativas que hacen a la gente echarse atrás en la compra.

Fundé mi primera compañía con la ingenua impresión de que trabajaría con unos pocos clientes y podría concentrar realmente mi atención en ellos (obteniendo así su gran satisfacción). Asumí que esto me daría una ventaja en el mercado y me permitiría dar un servicio de calidad para marcar la diferencia. Y aunque la idea era buena, las cosas no funcionan así. En primer lugar, el plan no me dio los beneficios necesarios para construir un negocio ambicioso que llamara la atención, por lo que me quedé corto en la cuestión del dominio, por no hablar del flujo de efectivo necesario para apoyar a los clientes. Asimismo, no me permitió compartir la información con suficiente gente exitosa.

Cuando finalmente llevé mi pensamiento a los niveles indicados y me comprometí a expandir mi negocio y conseguir diez veces más clientes, multipliqué mi exposición —por diez— y aumenté el número de empresas y gente exitosa a las que antes evitaba. Cambié mi perspectiva procurando grandes cantidades de acción en lugar de servir solamente a unos pocos clientes, lo que aumentó mi capacidad de darme a conocer a un número mayor de personas. Las quejas que recibí aumentaron junto con las felicitaciones. De hecho, tuve más éxitos que fracasos ya que estaba expuesto a un mayor número de personas que usaban mi material. Aumentar el número de asistentes a mis seminarios y talleres amplió el número de clientes de calidad, expandiendo así el número de individuos expuestos a mis ideas y técnicas. Cada vez más gente hablaba de mis metodologías entre sus asociados, y luego difundían la palabra entre sus conocidos. Cuanta más gente hablaba de mí, más expandí mi dominio, más atención y más clientes atraía y entonces sí pude crear más satisfacción para ellos. Piénsalo así: ¿estarían mejor Facebook y Google si proveyeran de sus servicios a pocas personas? De ser así, ni siquiera los utilizaría como ejemplos.

La práctica de la satisfacción del cliente no se limita a tu manera de tratarlo después de conseguirlo: también debe concentrarse en obtenerlos. La calidad de los clientes que consigas tendrá un efecto directo en su nivel de satisfacción. No llegarás a la calidad sin buscar la cantidad. Recuerda también lo discutido en el capítulo anterior: las críticas y las quejas son indicadores inevitables de que creces. Así que desdeña la crítica, da la bienvenida a las quejas, adminístralas y haz todo lo que puedas para aumentar tu presencia. Mientras sirvas a más personas, mejores serán las probabilidades de interactuar con clientes de calidad.

Para ser claro, quieres cumplir —y exceder el cumplimiento— las promesas realizadas. Sin embargo, no te concentres en ofrecer un servicio excepcional 10X antes de obtener clientes. Presumo que tienes un gran producto, servicio, idea o inversión. Ahora aumenta tu base de apoyo para él. Por desgracia, existen miles de organizaciones que venden productos inferiores todos los días. Aunque no sugiero que ofrezcas al mercado productos inferiores o sacrifiques la calidad de tus productos, señalo una realidad desafortunada: el dominio de la cuota de mercado hace fallar todo lo demás. Las empresas que venden productos pobres hacen de las adquisiciones su meta principal y luego manejan los problemas surgidos de sus productos u ofertas tras lograr que los usuarios entren en el juego.

Ninguna organización en el mundo es capaz de crear éxito masivo si limita sus adquisiciones. Apple aprendió esta lección del modo difícil durante mucho tiempo. Fue dominada por Microsoft durante décadas, empresa que, según los usuarios de

Apple, vendía productos inferiores. Mientras Microsoft hacía que su mercancía estuviera disponible para las masas, Apple se concentró en un número pequeño de personas. Fíjate en el cambio que Apple emprendió en los últimos años para que sus productos resultaran atractivos a las masas. Un 3 por ciento de todos los hogares tiene un iPad, y un 63 por ciento usa un reproductor de MP3, con Apple quedándose con el 45 por ciento de esa cuota. ¡Está claro que Apple adopta la «acción masiva» a lo grande en estos días con la meta de dominar el mercado!

Recuerda que incluso si tu producto o servicio es perfecto, recibirás quejas de los clientes. No puedes tener contentos a todos siempre. Es un error alarmarse por las quejas. Más bien procúralas, búscalas, encuéntralas y luego resuélvelas. Las quejas son la manera más que directa en que tus clientes te dicen cómo mejorar tu producto. Si afrontas cada situación dominado por el ansia de ofender a un cliente, entonces nunca dominarás el mercado.

Volvamos al ejemplo de Apple. Esta empresa no se preocupa hoy por la satisfacción de los clientes tanto como por diseñar productos que la gente compre aunque haga largas colas. Reconoce el orden correcto de los objetivos: 1) adquirir clientes (vía productos o servicios sorprendentes en cuya creación trabajas a niveles 10X), 2) impresionarlos con lo bueno que es tu producto durante el proceso de adquisición, y 3) establecer la lealtad del cliente (por medio de la compra reiterada, el apoyo, el boca a boca, etcétera). Cuando forjas un negocio, tu objetivo principal no es la satisfacción del cliente (todavía): es la adquisición, la referencia y la lealtad, y luego se trata de procurar más adquisición usando a los clientes conseguidos. Quiero que todos tengan mis productos, no solo algunas personas. Quiero que las masas —no solo unos pocos— sepan sobre mí y mis productos. No estaré satisfecho hasta que 7.000 millones de personas lo estén. Quiero que todos me compren una y otra vez y estar en sus mentes con tal regularidad —e influyéndolos de tal manera a ellos y a sus empresas— que nunca piensen en usar los productos de alguien más.

Este pensamiento difiere del que aconseja concentrarse en la satisfacción del cliente, en tal grado que preocupa a los del equipo de ventas molestar, presionar o dañar la opinión que los clientes tienen de ellos. Conozco equipos de ventas penalizados cuando se reciben quejas de los clientes, lo que me parece extraño. Se sugiere que estos problemas pueden evitarse, lo que es falso. Incluso si pudieras evitarlos, ¿para qué hacerlo? Las quejas y los problemas son oportunidades para hacer más negocios y resolver más asuntos, ¡y para dar a tus clientes la oportunidad de promover lo grandioso que eres al hacer que sus problemas desaparezcan!

Si realmente quieres averiguar cuáles son las debilidades en la adquisición de clientes y en la fidelidad de tu empresa, entrevista a los clientes que no obtienes. Cuanto más pronto les formules preguntas, mejor, puesto que si no se irán o no comprarán tu producto. Asegúrate de preguntarles sobre los procesos, no sobre las personas. Puedes intentarlo con algunas de las siguientes:

¿Cuánto tiempo estuviste aquí?
¿Conociste a un gerente?
¿Te mostraron productos opcionales?
¿Se te presentó una propuesta?
¿Te ofreció alguien llevar el producto hasta tu hogar u oficina?

No dudes en llamar a mi oficina para que te guíen sobre cómo desarrollar esta encuesta y adaptarla a tu situación (800-368-5771). Podemos identificar qué debes preguntar para detectar dónde está el problema.

¿Cuándo fue la última vez que te pidieron tu opinión desde una empresa en la que decidiste no comprar? ¿Te brindaron suficiente atención los vendedores? ¿Permanecieron contigo durante la toma de decisiones? ¿Te saludaron con entusiasmo? ¿Ofrecieron resolver tus problemas? ¿Te saludó un agente comercial? ¿Te mostraron varias opciones? ¿Te presentaron el producto? ¿Te hicieron una propuesta? ¿Te llamó alguien después? Apuesto a que la mayoría de las respuestas es negativa. Las empresas no fallan por ofender a los clientes, sino porque, en primer lugar, no actúan para convertir en clientes a estos individuos. Y te aseguro que estas mismas empresas trabajan junta tras junta en cómo mejorar la satisfacción del cliente. Entrevistarán a quienes sí les compraron en lugar de averiguar por qué no lo hicieron otros. Añade a esto que la mayoría de las encuestas se concentran en lo que el profesional de ventas hizo mal, y no en lo que resultó inadecuado sobre el pensamiento y los procesos de la organización.

Recuerda el orden operativo de importancia: la adquisición de clientes es el objetivo primero, seguido por la fidelidad del cliente, y después por los clientes que difundieron su opinión sobre ti. Esto permite a la empresa continuar su inversión en desarrollo de producto y mejora, en optimización de los procesos y aumento de la oferta, todo lo cual realmente crea verdadera satisfacción del cliente.

Ejercicio

¿Alguna vez te ha encuestado una empresa a la que no le compraste?

_____

_____

_____

_____

¿Qué es más importante que la satisfacción del cliente?

1. _____

2. _____

¿Por qué fallan la mayoría de los negocios?

_____

_____

_____

_____

¿Qué preguntas formularías a quien no se hizo tu cliente?

_____

_____

_____

_____

20

Omnipresencia

La palabra «omnipresencia» significa estar en todas partes al mismo tiempo. Imagina que tú, tu marca y tu empresa estáis en todas partes todo el tiempo. ¿Cuánto poder te daría esto? Aunque parezca imposible, esa debe ser tu meta. Se cree que las cosas a las que se asigna mayor valor en este planeta están disponibles en cualquier lugar. Es imposible amasar verdadero éxito sin pensar en términos de hacer universales tus ideas, productos, servicios o marcas. Las cosas de las que más depende la gente son omnipresentes, desde el oxígeno que respiras al agua que bebes, pasando por la gasolina que echas en tu coche, la electricidad que consumes o los productos mejor promocionados de la Tierra. Lo que estas cosas tienen en común es que son accesibles en cualquier parte. Las ves de modo constante, dependes de ellas y te acostumbras a necesitarlas.

Piensa en algo tan obvio como las noticias. Los canales de televisión, los periódicos, la radio e internet dan noticias veinticuatro horas al día, siete días a la semana, de modo que es lo que está en la mente de la gente con mayor frecuencia. Las vemos al despertar, escuchamos o hablamos de ellas todo el día y las vemos en la televisión antes de dormir.

Es el tipo de mentalidad para operar: estar disponible para los demás donde sea. Quieres que la gente te vea tanto que piense en ti en todo momento, identificando tu rostro, nombre o logo no solo con la oferta que representas, sino incluso con otras similares a la tuya. Mucha gente asume que hará un montón de llamadas telefónicas, una o dos visitas personales y enviará unos cuantos e-mails para captar de algún modo la atención de la gente. Sin embargo, la verdad es que ninguna de estas acciones hará que la gente piense en ti lo suficiente para tener un efecto considerable.

¿Operas al nivel correcto? ¿Piensas verdaderamente en grande? De no ser así, expande tu modo de hacer las cosas y amplía tu cuota de mercado para dominar y estar en todas partes.

Mi objetivo en estos días es lograr que más de 7.000 millones de personas escuchen mi nombre de manera constante, que lo reconozcan al escucharlo y, cuando piensen en capacitación para ventas, me recuerden. Aunque esto puede parecer poco realista, quizá inalcanzable, estoy ante el objetivo, el pensamiento, la huella y el concepto correctos. Comprometerse a realizar algo así de grande será ya una aventura. Incluso antes de conseguir mi meta, llegaré a un nivel grandioso de éxito en el intento.

¿Llegará el dinero como resultado? ¡Absolutamente! ¿Comprará la gente mis productos? ¡Tenlo por seguro! ¿Crearé éxito para mis ideas y obtendré apoyo para cualquier cosa que me proponga? ¡Garantizado!

Esta mentalidad me permitirá tomar todas las decisiones con el objetivo de llevarme en la dirección para que todos en el planeta sepan sobre mí, mis productos, mi empresa y mis esfuerzos. Cada decisión en mi empresa se basa en esta misión: presentar a Grant Cardone al planeta entero. Aunque nuestros objetivos deben ser financiados, el dinero no es nuestro primer interés. Sabemos que los beneficios vendrán como resultado de nuestros esfuerzos por estar en todas partes al mismo tiempo. No preguntamos cuánto costará un proyecto, si entra en el presupuesto o si tenemos el tiempo para hacerlo. Debemos preguntarnos si nos ayuda a cumplir la misión de estar en todas partes. No pensamos si quiero viajar o hablar a un grupo pequeño, o en el resultado. No permitimos excusas y distracciones que limiten la expansión. De la misma manera, cualquier intento por hacer omnipresente tu marca, tu producto, tu servicio o tu persona guiará tus acciones y decisiones.

¿Es demasiado ambiciosa esta manera de pensar? Para la mayoría de la gente, sí. ¿Es absolutamente necesaria? No si te conformas con lo promedio. Sin embargo, si estás considerando eso, vuelve a leer los capítulos sobre por qué te fallarán las metas promedio y no funciona lo normal. Muéstrame una gran empresa que no haya logrado la omnipresencia. Coca-Cola, McDonald's, Google, Starbucks, Phillip Morris, AT&T, LaZBoy, Bank of America, Disney, Fox TV, Apple, Ernst & Young, Ford, Visa, American Express, Macy's, Walmart, Best Buy: estos nombres están en todas partes. Cada una de esas empresas tiene presencia en todas las ciudades —algunas la tienen en cada esquina— y la mayoría opera en todo el mundo. Ves sus anuncios, sabes cómo son sus logotipos e incluso puedes tararear algunas cancioncillas de sus campañas publicitarias. También usas sus nombres para describir no solo sus productos, sino, en algunos casos, los productos de la competencia.

También hay individuos que han logrado la omnipresencia y ahora todo el mundo reconoce sus nombres, como Oprah Winfrey, Bill Gates, Warren Buffett, George Bush, Barack Obama, Abraham Lincoln, Elvis, los Beatles, Led Zeppelin, Walt Disney, Will Smith, la Madre Teresa, Muhammad Ali, Michael Jackson, Michael Jordan, entre otros. Ya sea que te agraden o no, cada una de estas personas o grupos ha creado un nombre que la mayoría de la gente identifica o, cuando menos, asocia con alguien importante. La forma en que gestionen y controlen sus marcas determinará su éxito a largo plazo y su capacidad de supervivencia.

Mi padre siempre insistió en un consejo valioso: «Tu nombre es el bien más importante que tienes. [La gente] puede quitártelo todo, pero no el nombre». Aunque estoy de acuerdo con el énfasis que mi padre ponía en la importancia de los nombres, por supuesto que es menos importante si nadie lo conoce. A menos que la gente sepa quién eres, nadie pondrá atención en lo que representas. Debes lograr que los demás te conozcan, lo que significa llamar la atención. Cuanta más atención consigas, estarás en más sitios; mientras estés con más gente, más cerca de estar en todas partes. Y todo esto mejorará tus posibilidades de usar tu buen nombre para hacer un buen trabajo.

¿Alguna vez escuchaste el dicho: «Basta con que ayudes a una sola persona»? Aunque es bueno ayudar a una persona —y ciertamente mejor que no ayudar—, en lo personal no creo que ayudar a una sola sea suficiente. Sé que suena bien y este dicho enfatiza la importancia de ayudar a los demás, pero hay más de 7.000 millones de habitantes en este planeta y la mayoría necesita algún tipo de ayuda. Tu meta debe ser mayor a una sola persona. Y para que esto suceda, ¡la gente debe saber quién eres y qué representas! De no ser así, tampoco serás capaz de ayudar ni a una sola persona, mucho menos de marcar la diferencia para 7.000 millones. Piensa en estar en todas partes en todo momento. Es la mentalidad 10X necesaria para dominar tu sector. Si te comprometes a realizar acciones 10X de modo consistente seguidas de más acciones 10X, te verás impulsado a situaciones en que te halles en todas partes. Lo primero es acabar con la ignorancia y dejar que el mundo sepa lo que puedes hacer por él, y luego hacerlo. Aunque parezca demasiado insistente, la actividad será un incordio solo si las metas son pequeñas y autocomplacientes. Te juro que no parecerá trillado cuando llegues a la cima. Tal vez quieras ser rico, pero ¿por qué? ¿Para qué quieres el dinero? ¿Tienes un propósito más alto al que busques servir? Después de todo, solo puedes acumular una cantidad de riqueza determinada, y después de ese punto ya no importa. Quizá quieres amasar riquezas para ayudar a más personas y mejorar las condiciones de vida de toda la humanidad. Eso requeriría que fueras omnipresente, que estuvieras en todas partes, todo el tiempo.

Cuanto más alto sea tu propósito, más combustible aportará a tus acciones 10X. Es lo que se requiere para ser impulsado a la omnipresencia. La gente de fama e influencia logra ese estatus porque se ve impelida a cumplir su propósito escribiendo libros, haciendo entrevistas, escribiendo blogs y artículos, aceptando compromisos para hablar en público y diciendo sí constantemente para llamar la atención hacia sí misma, hacia sus empresas y sus proyectos. Son los resultados de pensar en grande. No es una molestia, sino una pasión. Es un fastidio cuando tu mentalidad y tus acciones son demasiado pequeñas y no crean suficiente recompensa. Eres capaz de mucho más de lo que haces ahora. Una vez que sintonices tu mentalidad con el propósito correcto, emprenderás acciones 10X y, de modo simultáneo, serás impulsado hacia más lugares de los que pensaste.

Para que tu vida no la sientas como trabajo o como si fueras un hámster que da vueltas en su rueda, piensa en las cantidades correctas. La omnipresencia —la meta de estar en todas partes al mismo tiempo— es exactamente el pensamiento masivo que les falta a la mayoría de las expectativas y los sueños de la gente.

Primero, debes jurar que tu marca, idea, concepto, empresa, producto o servicio dejará huella en el planeta. Para hacerlo, debes involucrarte con tu comunidad, sistema escolar, vecindario y política local. Asistir a reuniones y ser visto, escribir en el periódico local y estar en contacto con los protagonistas de tu comunidad. Una vez estés involucrado, haz todo lo posible para seguir activo, que la gente te vea, te lea, te escuche y piense en ti. Di sí a cada oportunidad de divulgar la palabra sobre ti. Escribe, habla, da conferencias sobre lo que haces e incluso ladra en las esquinas de las calles si hace falta. ¡Comprométete con la omnipresencia!

Aprendí esta lección hasta que me vi bajo el ataque de gente que no quería que tuviera éxito. Tenía que averiguar cómo contrarrestarlo. Mi reacción visceral fue vengarme inmediatamente por medio del daño físico (idea que me llegó en un arrebato de locura pasajera). Sin embargo, mi esposa me recordó mis propias palabras: «La mejor venganza es el éxito masivo». Me aconsejó seguir adelante en un momento tan importante y tener una presencia tan fuerte que cada vez que esa gente despertara, encendiera la tele o hiciera un negocio, viera mi rostro para que le recordara lo bien que me iba. Escuchar la verdad de mi esposa me calmó de inmediato y me dejó claro que la mejor recompensa era no forzar nada, sino añadir más éxito.

Mejor que gastar energía en retraerme, la gasté en recursos y creatividad, en hacerme omnipresente y expandir mi dominio. Es una forma mucho mejor de invertir la energía en lugar de perseguir a alguien. Piensa en cómo usar este tipo de reacciones para estar en más lugares al mismo tiempo. Inmediatamente después de este ataque, me aseguré de ser visto en todas partes todo el tiempo. Escribí mi primer libro, y tres meses después otro. Luego terminé el tercero y los miembros de mi equipo pasaron meses haciendo todo lo posible para convertirlo en un best seller del *New York Times*... ¡lo lograron!

Mi meta era difundir mi información y mis materiales. Comenzamos a usar YouTube y Flickr con vídeos promocionales, consejos de ventas y estrategias de negocios. Pedimos a la gente que los pasara a sus amigos. Yo grabé personalmente más de 200 vídeos, escribí 150 entradas de blog y artículos, hice 700 entrevistas de radio en dieciocho meses. Luego aparecí en la televisión nacional, en las redes y en la televisión por cable. Fox, CNBC, MSNBC, CNN radio, radio WSJ y más empresas me invitaron a sus programas. En el mismo periodo, escribí personalmente más de 2.000 entradas en Facebook, Twitter y LinkedIn. Todo esto se sumaba a lo que la gente de mi oficina hacía para dar a conocer mi nombre. Mi cara, mi nombre, mi voz, mis artículos, mis metodologías y mis vídeos aparecieron en todas partes y muchos al mismo tiempo. Personas con las que nunca había hecho negocios empezaron a comentar: «¡Veo tu nombre en todas partes!». Yo estaba más concentrado en expandir mi huella y en hacerme conocido para el resto del mundo que en lo que decía un pequeño grupo de críticos.

Mi negocio creció en todas sus áreas. Las oportunidades llegaban a diario. Obtuvimos atención no solo de aquellos en los que nos habíamos enfocado, sino de personas en todo el mundo. Como resultado de esta campaña, mis libros se traducen al chino y al alemán. Ahora hay interés en Francia, México, Sudáfrica y otros países por nuestros programas de entrenamiento en ventas y por los libros. La gente nos llama de Estados Unidos y Europa para manifestarnos su interés por hacer programas de televisión y artículos de revistas. No estoy presumiendo, sino demostrando lo que puede pasarte cuando emprendes las acciones correctas en los niveles correctos y piensas con ambición.

Todas las empresas, ideas, productos y personas poderosas son omnipresentes. Puedes encontrarlos en todas partes. Dominan su sector y son sinónimo de lo que representan. El verdadero éxito se mide por la longevidad. Si deseas sentirte emocionado y apasionado a la larga, haz de la omnipresencia una meta constante. Tu nombre, tu marca y tu reputación son los bienes más valiosos solo si suficientes personas los conocen y utilizan. Y recuerda: la mejor manera de igualar el marcador con aquellos que te quieren mal es hacerte tan conocido que, cada vez que miren algo con atención —cada mañana al despertar y justo antes de ir a la cama por la noche—, encuentren pruebas de ti y de tu éxito.

Ejercicio

¿Qué significa ser omnipresente?

_____

_____

_____

_____

¿Qué pasos debes dar para hacerte omnipresente?

_____

_____

_____

_____

¿Cuál es la ventaja de actuar tanto que el mercado asocie tu nombre con lo que representas?

_____

_____

_____

_____

¿Cuál es la mejor manera de vengarte de tus críticos?

_____

_____

_____

_____

21

Excusas

Ha llegado el momento de analizar las excusas que das para que no sucedan estas cosas. Todos las usan. La mayoría de la gente tiene excusas favoritas que utiliza una y otra vez. Estoy seguro de que las tuyas empiezan a surgir ahora, así que, en lugar de ignorarlas, confrontemos a los pequeños monstruos para que no te distraigan. Una excusa es una justificación por hacer —o no hacer— algo. En el diccionario se habla de una «razón». Sin embargo, en realidad una excusa es distinta a la verdadera razón que motiva tus acciones (o la falta de ellas). Por ejemplo, digamos que tu excusa para llegar tarde al trabajo es el tráfico. Bien, no es la verdadera razón por la que no llegas a tiempo al trabajo. La razón es que saliste de casa sin suficiente tiempo para compensar el tráfico. Las excusas no son nunca la razón por la que haces o no haces algo. Son una revisión de los hechos que inventas para sentirte mejor sobre lo sucedido (o sobre lo que no sucedió). Inventar excusas no cambiará tu situación; esto solo puedes lograrlo al llegar a la razón que se encuentra detrás de todo esto. Las excusas son para la gente que rechaza asumir la responsabilidad de su vida y el desenlace de los hechos. Los esclavos y las víctimas inventan excusas y siempre estarán destinados a recibir las sobras y migajas de otros.

Lo primero que debes saber sobre las excusas es que nunca mejoran tu situación. Lo segundo es saber cuáles utilizas regularmente. ¿Te suena familiar alguno de los siguientes ejemplos?

No tengo el dinero, tengo hijos, no tengo hijos, estoy casado, no estoy casado, tengo que hallar el equilibrio en mi vida, trabajo de más, trabajo poco, aquí trabajan demasiadas personas, no contamos con suficiente personal, mi jefe es un imbécil/no me ayuda/no me deja en paz/es negativo, no me gusta leer, no tengo tiempo de estudiar, no tengo tiempo para nada, los precios son muy altos, los precios son muy bajos, el cliente no me devolverá la llamada, el cliente canceló la cita, la gente no me dice la verdad, no tienen dinero, la economía está mal, los bancos no prestan, mi jefe es avaro, no podemos encontrar/contratar a la gente indicada, nadie está motivado, la gente tiene malas actitudes, nadie me lo dijo, fue culpa de otro, no dejan de cambiar de opinión, estoy cansado, necesito vacaciones, trabajo con perdedores, estoy deprimido, estoy enfermo, mi madre está enferma, el tráfico está terrible, la competencia está regalando sus productos, tengo mala suerte...

¿Te aburres? ¡Yo sí! Acudí a lo más recóndito de mi mente para hallar todos esos pretextos. ¿Cuántos de ellos utilizas? Vuelve al párrafo anterior y subraya los que escuchas de tu propia boca. Ahora pregúntate si alguno mejorará tu situación. Lo dudo. Entonces ¿por qué la gente los usa con tanta frecuencia?

¿Importa siquiera? Una excusa es una alteración de la realidad; no te llevará a una mejor situación. Si el cliente no tiene dinero, no te ayudará a cerrar el trato. El hecho de que «solo tengas mala suerte» no mejorará las condiciones de tu vida ni tu suerte. De hecho, si sigues diciéndote eso, esperarás la mala suerte, asegurándote así de que las cosas sigan por mal camino.

Debes entender la diferencia entre inventar excusas y ofrecer razones sólidas y reales para justificar sucesos. Este libro se enfoca en las muchas diferencias entre los exitosos y quienes no tienen éxito, y una diferencia muy importante es que la gente exitosa no inventa excusas. También son bastante irracionales cuando se trata de dar razones, al menos para el fracaso.

Nunca me preguntaré (ni preguntaré a otros) por qué no fui capaz de llevar mi producto al mercado, de conseguir dinero suficiente o vender bastante porque, en lo que a mí respecta, ninguna respuesta bastará. No hay justificaciones que cambien estos hechos o situaciones y las razones son solo oportunidades que deben ser atendidas. Cualquier justificación que inventes solo da a otros la oportunidad de encontrar la solución. Recuerda lo que he dicho una y otra vez a lo largo del libro: nada te sucede a ti, sucede debido a ti. Las excusas son un complemento de esto, y un diferenciador mayor para dirimir si tendrás éxito o no.

Si conviertes el éxito en opción, entonces no lo será para ti, así de simple. No hay excusas que te hagan exitoso. Sentir lástima por ti y elaborar excusas es señal de un nivel demasiado bajo de responsabilidad. «No me compró porque el banco no le concedió el crédito». No. No te compró porque fuiste incapaz de asegurar la financiación apropiada para un cliente potencial. La primera afirmación no asume responsabilidad por el hecho, mientras que la otra sí lo hace e identifica una solución. Una vez que adoptas un sentido de la responsabilidad más avanzado, rechazando inventar excusas, podrás buscar una solución. Como beneficio adicional, evitarás situaciones similares en el futuro.

Las cosas valen por su rareza. Lo que abunda tiene poco valor. Las excusas abundan tanto que parece no haber fin para ellas. Debido a que son tan abundantes, no tienen valor. Dado que no impulsan tu deseo de crear más éxito para ti, representan un uso inútil de energía. Si piensas acercarte al éxito como se te enseña en este libro —no como si se tratara de una opción, sino de un deber, obligación y responsabilidad—, ¡entonces te comprometerás a nunca usar excusas para nada! No te permitas a ti, a tu equipo, a tu familia o a cualquiera de tu organización que use excusas para justificar algo que no fructificó. Como reza el viejo dicho: «Si ha de ser, depende de mí».

Ejercicio

¿Qué diferencia hay entre una excusa y una razón?

_____

_____

_____

_____

¿Cuáles son las dos cosas que sabes sobre las excusas?

_____

_____

_____

_____

¿Qué excusas has usado?

_____

_____

_____

_____

22

¿Exitoso o no exitoso?

He estudiado a la gente exitosa la mayor parte de mi vida, y me he encontrado con que las diferencias entre ellos y la gente que logra menos deben analizarse, y la razón no es la que esperas. Las diferencias entre estos dos grupos no tienen nada que ver con la economía, la educación o con cuestiones demográficas. Aunque estas experiencias y sucesos influyeron en sus puntos de vista, no son los factores determinantes en sus vidas. Puedo mostrarte gente sin educación, criada por familias desestructuradas en circunstancias terribles pero que se las arregló para crecer a niveles estratosféricos.

La gente exitosa habla, piensa y afronta las situaciones, retos y problemas de manera distinta a la mayoría de las personas, y en definitiva piensa distinto respecto al dinero. En este capítulo encontrarás las cualidades, los rasgos de personalidad y los hábitos más comunes que hacen que la gente exitosa lo sea. Después de cada elemento analizado encontrarás algunos de mis pensamientos en relación con lo que cada categoría significa. Esto te permitirá estar más atento al tipo de hábitos y características que debes desarrollar y alentar en tus empleados y compañeros. La única manera de ser exitoso es realizar las mismas acciones que la gente exitosa. El éxito no es distinto de cualquier otra habilidad. Replica las acciones y la mentalidad de la gente exitosa y lo crearás para ti. La siguiente lista de conductas que imitar para ser exitoso se basa en lo que he descubierto sobre la gente exitosa y su manera de hacer las cosas.

1. Adopta una actitud de suficiencia

La gente que tiene una actitud de suficiencia afronta cualquier situación con la perspectiva de que las cosas pueden realizarse. Constantemente usa frases como: «Podemos hacerlo», «Hagamos que suceda», «Trabajemos en ello», y siempre insiste en que existe una solución. Esta gente habla en términos explicativos, resuelve problemas y se refiere a los conflictos con una actitud positiva. Responde con esta disposición incluso ante las situaciones más apremiantes o irresolubles. Esta actitud es más valiosa que tener un producto superior y un menor precio, y es uno de los recursos para completar acciones masivas 10X. Si no lo haces todo con esta actitud, no estarás pensando realmente en términos 10X. Debes creer y convencer a los demás de que existe una solución, incluso si deben trabajar más duro para hallarla. Incorpora estos matices de suficiencia en tu lenguaje, en tus pensamientos, en tus acciones y en las respuestas que des a todos. Ayuda a que toda tu empresa desarrolle este tipo de actitud al insistir sobre el tema diariamente. Toma el asunto más difícil y piensa en cómo reaccionar con una actitud de suficiencia. Procura que tú y tus colegas lleguéis al punto de que responder con frases tipo «Puedo hacerlo, no hay problema, ¡nos las arreglaremos!» sea la norma. No aceptes otra cosa.

2. Confía en que lo resolverás

Este estilo de ver las cosas va acompañado de la actitud de suficiencia. De nuevo, se refiere al individuo que siempre busca ser responsable y solucionar un problema. Incluso si no estás seguro de cómo hacer algo, la mejor respuesta es: «Me las arreglaré», y no: «No sé». Nadie valora a una persona sin información y que además no quiere obtenerla. Esta respuesta no hace nada por tu credibilidad o competencia. No estoy de acuerdo con que debes decírselo a la gente si no sabes algo. ¿En qué ayuda eso?

¿Realmente quieres alardear sobre tu incapacidad, pensando que el mercado —o tus clientes— valoran tanto la honestidad como para desear que admitas que pierden su tiempo contigo? Puedes admitir que no estás familiarizado con algo, siempre y cuando aclares que averiguarás las cosas de inmediato o encuentres a quien las domine. Al rendirte con una tarea no permites que las cosas funcionen. ¡Comunícate a ti mismo y a los demás que estás dispuesto a hacer lo que sea necesario para averiguarlo! Una respuesta alternativa a «No sé» es «Buena pregunta. Déjame revisar eso». Sigues siendo honesto pero incitas a una solución en lugar de mostrarte incompetente.

3. Concéntrate en la oportunidad

La gente exitosa ve todas las situaciones —incluso los problemas y las quejas— como oportunidades. Donde otros ven dificultades, los exitosos advierten que los problemas resueltos llevan a nuevos productos, servicios, clientes y hasta a un probable éxito financiero. Recuerda: éxito es superar un reto. Por lo tanto, no tendrás éxito sin experimentar dificultades. No importa cuál sea el reto; si lo manejas adecuadamente, te verás recompensado. Y cuanto más grande sea el problema, mayor es la oportunidad también. Cuando un problema existe para todo el mercado y la gente que lo compone, nos convierte en iguales. La única persona que destaca es el individuo concentrado en la oportunidad, que ve los problemas como aperturas al éxito. Esta gente sabe usar el problema para distinguirse de los demás y dominar el mercado. Existen incontables situaciones que la mayoría de la gente interpreta como contratiempos y nada más: recesiones, desempleo, problemas de vivienda, conflictos, quejas de clientes y cierres de empresas, por nombrar solo unos cuantos. Si aprendes a ver estas cosas como un beneficio potencial y no como un problema, terminarás por ocupar la cima.

4. Ama los retos

Mientras que muchas personas aborrecen los retos y los usan como razones para hundirse en la indiferencia, los individuos altamente exitosos se sienten atraídos y fortalecidos por los retos. La idea de sentirse abrumado, creo, es el resultado de nunca llevar a cabo acciones suficientes para generar suficientes victorias. El éxito llama al éxito y las derrotas incrementan las posibilidades de más derrotas. Los retos son las experiencias que resaltan las capacidades de la gente exitosa. Para conseguir tus metas debes acceder a un lugar en el que todo reto se convierte en combustible para ti. La vida puede ser brutal y la gente incurre en pérdidas con el paso del tiempo. Muchos llegan al punto de que cualquier nuevo reto que afrontan equivale a una derrota en su mente. Sin embargo, hay formas de recuperarte para que las experiencias difíciles de la vida no te roben la oportunidad de acercarte a los nuevos retos con gusto y emoción.

Cuando desarrollas una visión más positiva, ves los retos como estímulo para adentrarte en algo, y no como excusa para evitarlo. Debes reeducarte sobre la noción de «reto» para darte cuenta de que cada uno ofrece una oportunidad de ganar. Y no te engañes: ganar en la vida es vital. Cada minuto de cada día, tu mente mantiene un registro de victorias, derrotas y empates, y lo hace a partir de la noción de lo que sabes sobre tu propio potencial. Cuanto más ganes en la vida, mayor será tu potencial y llegarás a amar aún más los retos.

5. Procura resolver problemas

Los individuos exitosos buscan problemas porque saben que casi cualquiera es universal de una manera u otra. Algunos sectores llegan a crear problemas para «solucionarlos» vendiéndote sus productos. (Piensa en todas las cosas que compraste con el paso de los años porque las «necesitabas». ¿En verdad las necesitabas o te convencieron de que solucionarían algún problema que podías tener o no tener?). Las vacunas contra la gripe son un buen ejemplo. Mucha gente piensa que son necesarias, pero la opinión médica se divide en este asunto. Los problemas, para los exitosos, son como alimento para los hambrientos. Dame un problema —cualquier problema— y al solucionarlo seré recompensado y me convertiré en héroe. Cuanto mayores sean los problemas, y cuanta más gente se beneficie con la solución, más poderoso será tu éxito. Para anotarte en la lista del éxito, resuelve problemas —para tu empresa, empleados, clientes y gobierno—, sean los que sean y estén donde estén. El mundo está lleno de gente que tiene problemas o que los provoca. Una de las mejores maneras de distinguirte de la masa es establecerte como alguien que mejora las situaciones, no a la inversa.

6. Persiste hasta lograr el éxito

La habilidad de persistir en un camino dado sin importar los contratiempos, los sucesos inesperados, las malas noticias y la

LA REGLA DE ORO DE LOS NEGOCIOS

resistencia —el seguir firmemente en algún estado, propósito o curso de acción a pesar de las condiciones— es una característica común de quienes triunfan. Te aseguro que al menos yo soy más persistente que talentoso. Esto no es una característica que la gente pueda o no tener; es algo que pueden —y deben— desarrollar. Los niños parecen mostrar esta cualidad desde el nacimiento hasta que ven que no es así como la mayoría de la gente actúa, gracias a la socialización, a los padres o a ambos. Sin embargo, esta cualidad es necesaria para convertir en realidad cualquier sueño.

Te dediques a las ventas o seas funcionario, empresario o empleado, aprende a persistir en todo tipo de situaciones. Es como si este planeta tuviera algún tipo de fuerza o tendencia natural —casi como la gravedad— que pone a prueba la capacidad de persistencia de la gente. Es casi como si el universo estuviera determinando de qué estás hecho para ponerte a prueba. Yo sé que cada labor que afronto requerirá que persista con acciones 10X hasta que toda la resistencia se convierta en apoyo. Yo no trato de eliminar la resistencia; solo sigo adelante hasta que el curso de los acontecimientos cambia o mis ideas triunfan en lugar de ser desdeñadas. Por ejemplo, tenía un detractor en Facebook cuyo apoyo traté de ganarme sin lograrlo. En lugar de bloquear a esta persona, pregunté a mis seguidores qué opinaban de la situación y dejé que enterraran al tipo apoyándome. Si algo no termina por apoyarme, simplemente persisto con tanto éxito que cualquier resistencia dejará de existir. La persistencia es una gran ventaja para cualquiera que desee multiplicar su éxito, porque la mayor parte de las otras personas dejan de lado su habilidad natural para persistir. Cuando te reentrenes con la idea de hacer lo necesario para asegurarte de que estás en la mejor posición mental, emocional y financiera para perseverar, terminarás estando en la lista de los más exitosos.

7. Asume riesgos

Una vez estaba en Las Vegas y un hombre sentado junto a mí dijo: «Estos casinos siempre ganarán dinero porque la gente que juega nunca está dispuesta a asumir riesgos a niveles lo suficientemente grandes como para acabar con ellos». No sugiero que trates de vencer al casino; sin embargo, la observación del hombre me recordó cómo nos enseñan a jugar a lo seguro, a ser conservadores sin ir a lo grande. La vida no es muy distinta de Las Vegas; debes poner algo en juego para ganar. En algún punto tendrás que asumir el riesgo y los exitosos lo hacen a diario. En los casinos verdaderamente grandes de la vida y los negocios, ¿te arriesgas lo bastante para crear el éxito que quieres y necesitas? La mayoría nunca va lo suficientemente lejos para obtener el reconocimiento, llamando la atención y haciendo ruido; más bien tratan de proteger o conservar una reputación, posición o algo ya logrado. Los exitosos están dispuestos a jugársela, a apostar todo sabiendo que, sin importar el resultado, volverán a hacerlo. Permiten que se les critique y se les vea por el mundo, mientras que los fracasados se retraen y juegan a lo seguro. Recuerda el viejo dicho: «El que no arriesga no gana». En esta época, es vital hacer que tu familia y tus amigos te apoyen al asumir riesgos para ya no jugar a lo seguro.

8. Sé insensato

No, no es un error; pone que seas insensato. En mi libro *Sell to Survive* introduje la noción de que los vendedores exitosos deben ser insensatos con sus clientes para consumar la venta. Esto claramente se da de bruces con lo que nos han enseñado a la mayoría, o sea, ser razonables y lógicos. Para ser insensato se requiere actuar sin consideraciones racionales y en desacuerdo con las realidades prácticas. Y sí: ¡eso es lo que yo quiero hacer! Cuando la mayoría de la gente ve esta definición, se confunde y piensa que les digo que se vuelvan locos. Pero la gente exitosa reconoce lo importante de actuar sin razón. Saben que no pueden actuar de acuerdo con las realidades aceptadas. Si lo hacen, el supuesto «imposible» nunca es posible para ellos. Para actuar a la 10X se requiere pensar y actuar insensatamente. De otro modo, terminarás igual que los demás: forzado a sobrevivir con las sobras que dejan las personas exitosas. Insensato no significa ser mentalmente inestable —y afrontémoslo: ¿a quién no le falta un tornillo?—, sino que rechazas validar la supuesta «sensatez» de las acciones razonables que nunca te llevarán adonde quieres ir. La mayoría juega de acuerdo con algún conjunto de reglas estúpidas, inútiles y racionales que solo aseguran que sigas deambulando penosamente como un esclavo. Piénsalo: ¿tendríamos coches, aviones, vehículos espaciales, teléfonos e internet —y miles de cosas más— si alguien no hubiera hecho algo que otros catalogaron de «insensato»? El hombre no haría nada excepcional si no fuera por su disposición a ser irracional. De modo que conviértete en uno de los insensatos. Suelen ser la gente que marca una gran diferencia en nuestro mundo.

9. Sé peligroso

Desde que eras niño, alguien te alejó del peligro. «Ten cuidado» es el mantra que los padres repiten a sus hijos mientras compran productos de industrias enteras creadas solo para «salvaguardar» un hogar y proteger a un niño. Pero mucha gente llega a tal punto de preocuparse evitando el peligro que ya no vive. Si miras tu vida en retrospectiva, verás que te has hecho igual daño —o más— siendo cuidadoso que temerario.

Piensa en la última vez que te hiciste daño. Probablemente tratabas de proteger algo justo antes de que sucediera. Ser cuidadoso requiere actuar con cautela, y no hay manera de que alcances niveles de actividad 10X siendo así. La acción masiva exige olvidarse de ser precavido, incluso si esto te pone en peligro. Trabajar con gente poderosa es peligroso en sí mismo. ¿Quieres obtener dólares de inversión por parte de un multimillonario? ¿Quieres un salario de un millón de dólares anuales? ¿Quieres que tu empresa cotice en la bolsa? De ser así, debes estar deseoso de convertirte en peligroso porque cada vez se esperará más de ti en estas situaciones. Para hacer algo grande, abraza el peligro. El modo de asegurarte de que el peligro no te mate es entrenarte para meterte en el cuadrilátero y salir victorioso.

10. Crea riqueza

La actitud hacia la riqueza es un distintivo significativo entre los exitosos y quienes no lo son. Los pobres creen que necesitan trabajar para ganar dinero y pasan su vida gastándolo en nimiedades o conservándolo como locos. Los muy exitosos saben que el dinero ya se ha creado. Piensan en términos de generar riqueza por medio del intercambio de nuevas ideas, productos, servicios y soluciones. Los muy exitosos se percatan de que no los limita la escasez. Saben que el dinero existe en abundancia y fluye hacia los que crean productos, servicios y soluciones. Y esa riqueza no está limitada a una provisión monetaria. Cuanto más cerca estés de los flujos masivos de dinero, mejores oportunidades tendrás de crear riqueza por tus propios medios.

Piensa en términos de crear dinero y riqueza, no en salarios y conservación de fondos. Imagina cómo crear riqueza por medio del intercambio de grandes ideas, servicios de calidad y eficiente resolución de problemas. Fíjate, por ejemplo, en el comportamiento poderoso de los bancos. Acumulan líquido por medio de métodos que llevan a otras personas a darles dinero o a pedírselo prestado. Considera la manera en que los ricos son dueños de los bienes inmuebles que alquilan a otros que pagan por ello. Producen dinero por el solo hecho de ser dueños de la propiedad y, por lo tanto, crean riqueza. La gente que invierte en sus propias empresas lo hace para incrementar su riqueza, no sus ingresos. Los fracasados, por otra parte, gastan dinero en las cosas que los ricos usan para crear riqueza. El ingreso paga impuestos, la riqueza no. Recuerda: no necesitas «hacer» dinero. Ya está fabricado. No hay escasez real de dinero, solo carencia de personas que crean riqueza. Cambia tu atención de conservar el dinero a crear riqueza, y estarás pensando como la gente exitosa.

11. Actúa de inmediato

Este es el tema central del libro (¡espero que, llegado este momento, te quede claro!). Los altamente exitosos realizan increíbles cantidades de acción. Sin importar de qué tipo, esta gente rara vez está sin hacer nada, incluso de vacaciones (¡pregunta a sus parejas o familias!). Ya sea logrando que otros actúen por ellos, llamando la atención sobre sus productos e ideas o trabajando día y noche, los exitosos asumen niveles altos de acción antes de que alguien conozca su nombre. Los no exitosos hablan de planes de acción, pero nunca hacen lo que dicen, al menos nunca en cantidad suficiente para obtener lo que quieren. La gente exitosa asume que sus logros futuros dependen de invertir en acciones que quizá no paguen hoy, pero que si se realizan de modo persistente, tarde o temprano darán frutos.

La acción masiva es de lo que dependo, incluso en tiempos difíciles. Tu capacidad de actuar será un factor de importancia para determinar tu éxito potencial y se trata de una disciplina en la que debes invertir tiempo a diario. No se trata de un don o regalo, es un hábito que debe desarrollarse. La pereza y la inacción son cuestiones éticas para mí. No pienso que sea correcto o aceptable ser perezoso. No se trata de un fallo de carácter por una enfermedad inventada, así como tampoco una persona altamente activa está bendecida de algún modo. Nadie nace para correr los cien metros libres o una maratón, así como tampoco para actuar más que otros. La acción es necesaria para crear éxito y ser la cualidad definitoria que te permitirá sumarte a la lista de la gente exitosa. No importa quién seas o lo que hayas hecho hasta el momento: desarrolla este hábito para aumentar tu éxito.

12. Siempre di sí

Para ir a por todas en la vida y los negocios, di sí a todo. Es algo que hacen los exitosos una y otra vez, no porque puedan hacerlo, sino porque eligen decir sí. Están ansiosos de embarcarse en la vida y se dan cuenta de que la palabra «sí» tiene más vida y posibilidades, y es más positiva que la palabra «no». Cuando un cliente me pide hacer algo, digo: «Sí, estaré contento de/ me encantaría/lo haré para usted». Yo tengo una frase: «Nunca digo que no hasta que tengo que hacerlo». Es una buena manera de decir a alguien que no (esto es, si estás obligado a hacerlo). Cuando se da una opción de hacer o no hacer algo, ¡siempre di que sí! La vida es para vivirla, algo que se vuelve imposible cuando dices no. Aunque muchos sugieren que es importante saber a qué se dice no, la realidad es que la mayoría de la gente no se aventura y no experimenta lo suficiente en la vida. Rechazan probar cosas y experiencias nuevas. Sabes que tienes un «no» en ti listo para entrar en acción, una negativa que está respaldada por diez razones por las que no puedes, debes o no tienes tiempo para hacer algo. Intenta lo siguiente: di sí desde ahora hasta que te hagas tan exitoso que te veas forzado a incluir el «no» en tu arsenal para gestionar tu tiempo y esfuerzos. Hasta entonces, convierte el «sí» en parte de tus hábitos exitosos. Di sí a tus niños, a tu pareja, a tus clientes, a tu jefe y, más importante, a ti mismo. Esto te llevará a experimentar nuevas aventuras, nuevas soluciones y nuevos niveles de éxito.

13. Comprométete habitualmente

Los exitosos se comprometen de modo completo y consistente con actividades; algunas requieren arriesgarlo todo. Esto nos devuelve al concepto de «echar el resto», como describí en capítulos anteriores. También se relaciona con la operación en algún nivel de peligro, rechazando ir a lo seguro. La gente no exitosa rara vez se compromete con algo por completo. Siempre hablan de «intentar» las cosas y, cuando se comprometen, lo hacen con actos y hábitos destructivos. El compromiso es una de las cosas en que sí hay escasez. Muchos individuos y organizaciones se equivocan al comprometerse por completo con sus actividades, deberes, obligaciones y responsabilidades para supervisar las cosas durante todo el proceso. ¡Para adquirir éxito, es vital dejar de probar la temperatura del agua: lánzate de cabeza y ya! Dedicarte a algo durante todo el proceso significa que no hay modo de evitarlo. Es como cuando saltas al agua; una vez que decides ir, no puedes detenerte en mitad del aire.

Preferiría a una persona capaz de comprometerse que a una que tenga una buena formación. El compromiso es un signo de que alguien se hace responsable de una posición, tema o acción. La gente exitosa supera los problemas y mantiene la concentración en la promesa hecha a sí misma o a los demás. Conserva la mirada en el resultado todo el tiempo. Cuando me comprometo conmigo, con mi familia, con un proyecto o con la empresa a tener éxito, significa que haré todo lo necesario para convertir en realidad esa promesa y cumplir mi compromiso. Los compromisos no son algo para lo que debas inventar excusas, ni tampoco se negocia con ellos ni se dejan de lado. Comprométete a fondo, como si ya fueras exitoso, y demuestra el compromiso con todos aquellos con los que trabajas.

14. Ve a por todo

Como dicen en Alcohólicos Anónimos: «Con medidas a medias nada logramos». Para los miembros, esto significa que no aspiras a la sobriedad si bebes un poco. En el mundo del éxito y los logros, los términos medios no consiguen resultados, con la excepción de cansar a la persona implicada. Por eso la mayoría de la gente se refiere al trabajo como si fuera una enfermedad. Solo quienes hacen las cosas a fondo, hasta llegar al final, experimentan las recompensas que el trabajo ofrece. Hasta que una acción no se convierte en éxito, no está terminada. Hasta convertir al cliente potencial en cliente, o al inversor potencial en inversor, no completas el ciclo. Esto puede parecer duro, pero si llamaste a un cliente cincuenta veces y no conseguiste el trato, entonces lo mismo podrías no haber llamado a esa persona. Este es el momento en que la gente se vuelve razonable y, por lo tanto, no logra las cosas. Comprométete a ser absolutamente insensato y llega hasta el final. ¡No aceptes ninguna excusa! ¡No está permitido conformarse!

15. Concéntrate en el ahora

Solo existen dos tiempos para los exitosos: el ahora y el futuro. Los no exitosos pasan la mayor parte de su tiempo en el pasado y consideran que el futuro es una oportunidad para dilatar las cosas. «Ahora» es el periodo que la gente exitosa utiliza para crear los futuros que desea y dominar sus ambientes. No puedes hacer lo que la gente no exitosa, valerse de cualquier excusa para realizar después tareas que debería hacer de inmediato. En lugar de eso, adquiere la disciplina, la memoria muscular y los logros derivados de realizar acciones masivas mientras otros piensan, planean y aplazan. Actuar inmediatamente permite a los más exitosos diseñar el futuro que desean, entienden que deben seguir actuando ahora. Son conscientes de que retrasar las cosas es la debilidad última. La Regla 10X requiere que actúes masivamente y de inmediato. Cualquiera que deje para después lo que puede realizar justo ahora nunca conseguirá la oportunidad y la confianza que resultan de hacerlo. Por ejemplo, una vez dije a mi equipo que quería que cada uno de ellos —incluso los que tenían funciones administrativas— realizara 50 llamadas telefónicas. De inmediato vi signos de pánico en sus rostros, como si esto fuera imposible sumado a las demás obligaciones. De modo que les dije: «Tenéis treinta minutos para hacer las llamadas. ¡El tiempo corre!». Luego fui a mi oficina y realicé 28 llamadas en 22 minutos.

No te permitas ni un segundo de retraso para la preocupación o el análisis en situaciones como esta, ¡porque cada segundo en que piensas es un segundo de acción desperdiciada! Te sorprendería saber lo mucho que se hace cuando se deja de pensar, calcular y dilatar para adoptar el hábito de actuar en el momento. Aunque esto puede hacerte sentir como si estuvieras reaccionando constantemente con demasiada espontaneidad, también hará que actuar se convierta en un hábito. La acción es necesaria y no hay tiempo más valioso que el ahora. Mientras otros deciden cómo harán algo, tú ya lo habrás terminado. La persona que persista en hacer las cosas mejorará sus capacidades para la supervivencia y la adaptación. Disciplínate para actuar ahora, no después, y te aseguro que el volumen de tareas que asumes enseguida aumentará la calidad del trabajo y te impulsará con convicción y certidumbre.

16. Demuestra valor

El valor es la cualidad de la mente o del espíritu que lleva a la gente a afrontar situaciones peligrosas a pesar del temor. Es raro que la gente se sienta o sea descrita como valiente antes del suceso que la lleva a actuar de esta manera. Más bien se trata de entrar en acción sin importar los temores. Los soldados y los héroes nunca se dicen valientes antes de realizar las hazañas. Por lo que a ellos concierne, solo hacen lo que deben hacer en ese momento.

Te darás cuenta de que la gente exitosa suele tener un aire de confianza y convicción, de comodidad e incluso un poco de arrogancia. Antes de pensar en que son distintos en algún sentido, entiende que adquirieron estas cualidades como resultado de la acción. Cuanto más realices cosas que te asusten, más te catalogarán los demás como valiente, lo que los llevará a acercarse a ti. La valentía es para los que actúan, no para los que piensan, esperan y se preguntan. La única manera de lograr este aspecto del carácter es por medio de la acción. Aunque puedes entrenarte para mejorar tus habilidades y tu confianza, el valor solo se obtiene al hacer las cosas, especialmente las que temes. ¿Quién quiere hacer negocios o apoyar a alguien que cede ante sus miedos?

¿Quién quiere invertir en un proyecto cuando la gente no actúa con confianza y valor?

Recientemente en una entrevista alguien me preguntó: «¿No hay nada que te asuste?». La pregunta me sorprendió porque yo sabía que experimentaba miedo. Supongo que debo dar la impresión de que no estoy asustado porque realizo acciones del cuarto grado y tú puedes hacer lo mismo. Ataca, domina y pon tu atención en el futuro, y luego continúa repitiendo tus acciones y tu valentía crecerá. Haz cosas que te den miedo con más frecuencia y poco a poco comenzarán a asustarte cada vez menos, ¡hasta que se hagan tan habituales que te preguntes cómo pudiste temerlas!

17. Abraza el cambio

La gente exitosa ama el cambio, mientras que los no exitosos hacen todo lo posible para que las cosas no cambien. Pero ¿cómo crear éxito cuando evitas que las cosas cambien? Es imposible. Aunque no quieras alterar las cosas que funcionan, siempre busca la forma de mejorar lo que haces. Los exitosos advierten los cambios en el mundo y los usan para mejorar sus operaciones y sacar ventaja. Saben que deben adaptarse o no triunfarán. El cambio no es algo a lo que debas resistirte; debe emocionarte. Steve Jobs, de Apple, era un buen ejemplo de esto. Cambiaba sus productos antes de que la competencia los copiase y antes de que los consumidores se aburriesen de ellos. La disposición a aceptar el cambio es una gran cualidad de los exitosos.

18. Determina la mejor manera de hacer las cosas

Los exitosos saben cuantificar lo que funciona y lo que no funciona, mientras que los no exitosos se concentran solamente en el trabajo duro. La aproximación correcta puede ser instituir un programa de relaciones públicas que suavice el mercado, proveyendo a los consumidores de la herramienta correcta, u obligando a que la gerencia realice las conexiones más poderosas, encuentre a los mejores inversores o contrate a personal de alta calidad. Sea cual sea el método, los exitosos no piensan en términos de trabajo duro (a pesar de que, por supuesto, están dispuestos a trabajar duro). En lugar de ello trabajan de manera inteligente y manejan la situación al encontrar y usar la forma correcta de hacer las cosas hasta tener éxito. Los fracasados siempre se encuentran con que el trabajo es difícil porque nunca tuvieron tiempo suficiente para mejorar cómo hacer las cosas y facilitarlas. Los primeros tres años de mi vida como vendedor estuvieron hechos de duro trabajo y me dieron resultados esporádicos en el mejor de los casos. Luego dediqué dos años y miles de dólares en mejorar mi modo de hacer las cosas... ¡y entonces las ventas dejaron de ser «trabajo»! La gente exitosa invierte tiempo, energía y dinero en mejorarse a sí misma. Como resultado, no se concentran en lo duro que es el trabajo, sino en lo satisfactorio de los resultados. Cuando ganes porque has perfeccionado tu forma de hacer las cosas no sentirás que trabajaste; sentirás el éxito. Y nada sabe tan bien como la victoria.

19. Rompe con las ideas tradicionales

Los más exitosos entre los exitosos van más allá del concepto de mero cambio y retan al pensamiento tradicional. Fíjate en organizaciones como Google, Apple y Facebook, y verás compañías que retan a las tradiciones y crean nuevas maneras de hacer las cosas. Rompen lo que funciona para llegar a algo mejor. Los más exitosos crean tradiciones, no siguen las ya establecidas. No seas prisionero del pensamiento acordado por otros. Encuentra maneras de tomar ventaja del pensamiento tradicional que limita a los demás.

Los exitosos son conocidos como «líderes de pensamiento» que diseñan el futuro con ideas adelantadas a su tiempo. Fundé mi primera empresa con la intención de romper ideas tradicionales que una industria aceptaba hace tiempo, y lo hice demostrando que había una mejor manera de cuidar a los clientes. Los individuos altamente exitosos no se preocupan por cómo se han hecho; se interesan por encontrar nuevas y mejores formas de hacerlas. Se fijan en qué coches, aviones, periódicos y casas han cambiado poco en los últimos cincuenta años y deciden crear nuevos mercados. Una advertencia: esta gente también es capaz de mantener las estructuras existentes mientras reinterpreta los conceptos convencionales y lleva nuevos productos al mercado. No persiguen el cambio por el cambio mismo; lo hacen para diseñar productos, relaciones y ambientes superiores. Los exitosos están dispuestos a retar la tradición para descubrir nuevas y mejores maneras de lograr sus metas y sueños.

20. Oriéntate en las metas

Una meta es un objetivo deseable —algo que debe lograrse— que una persona o empresa necesita para avanzar. La gente exitosa está muy orientada a la consecución de objetivos y siempre pone más atención en el objetivo que en el problema. Parecen capaces de esquivar las balas debido a su compromiso con el objetivo. Muchas personas pasan más tiempo planeando lo que comprarán en el supermercado que disponiendo las metas más importantes de su vida. Si no permaneces concentrado en tus metas, pasarás tu vida logrando los objetivos de

EXITOSO O NO EXITOSO?

otros, particularmente los de quienes se centran en conseguir objetivos.

Las metas son increíblemente importantes para mí. Empiezo y termino cada día escribiéndolas y repasándolas. Siempre que encuentro fallos o retos, cojo mi cuaderno y escribo mis metas de nuevo. Esto ayuda a mantener mi atención en el sitio al que deseo ir y en las metas que quiero lograr, en lugar de abrumarme por la dificultad del momento. La habilidad de mantener la concentración en el objetivo y su consecución es vital para el éxito. Aunque trato de mantenerme concentrado en el presente, quiero dedicar la mayor parte de mi atención al panorama más amplio de mis metas y no solo a la labor que estoy completando en ese momento.

21. Asígnate una misión

Mientras que la gente no exitosa pasa su vida pensando en términos de un trabajo, la exitosa se acerca a sus actividades como si estuviera en una misión religiosa, no como si se tratara solamente de trabajo. Los empleados, empleadores, empresarios y los que transforman el mercado consideran que sus actividades diarias forman parte de una misión más importante que cambiará las cosas. Siempre piensan en grande y trabajan en pos de un objetivo masivo. Hasta que no pienses en tu trabajo como si se tratara de una misión, sentirás que tu empleo es solo «un curro». Debes emprender cada actividad con la actitud celosa de que esta tarea podría cambiar el mundo para siempre. Piensa en cada llamada, e-mail, visita de ventas, reunión, presentación y en cada día que pasas en la oficina no como si formaran parte del trabajo, sino como asuntos que harán que te recuerden para siempre. Hasta que no adoptes esta actitud, estarás adormecido en tu trabajo, y probablemente se trate de uno que no es muy satisfactorio.

22. Mantén un alto nivel de motivación

La motivación se refiere al acto o estado de ser estimulado hacia la acción. Para tener éxito, es importante saberse estimulado, emocionado y decidido a realizar alguna acción o acciones. Aunque la definición de motivación sugiere que existe una razón detrás de la acción, el estudio de la gente exitosa también indica que los altos niveles de actividad se ven impulsados por estar concentrado en los objetivos y alentado por la misión. Los fracasados demuestran niveles bajos de motivación, una tendencia al ocio y una falta de claridad y propósito. La motivación elevada obviamente resulta crítica para las acciones y la persistencia 10X. No se trata del tipo de entusiasmo que dura unas cuantas horas, un día o una semana; se basa en lo que haces cada día para estimular acciones, inspirarte y mantenerte en marcha. La gente muy exitosa continuamente busca y descubre razones para estar alentada a conseguir nuevos niveles de éxito. Esta puede ser la razón por la que la gente exitosa nunca está satisfecha. Al buscar nuevas razones para seguir adelante, logran estos nuevos objetivos y luego se renuevan para la siguiente ronda. Están constantemente estimulados para los más altos niveles de acción y logro.

Hay una pregunta que me formulan más que ninguna otra en mis seminarios: «¿Cómo permanecer motivado?». ¿La respuesta? No dejo de crear nuevas razones para seguir avanzando. Los fracasados sugieren sin falta: «Si tuviera lo que esa persona tiene, me retiraría». Pero no creo en esa afirmación ni por un segundo. Lo primero es que no saben si eso sería cierto, puesto que no conocen cómo reaccionarían ante el éxito. Es posible y altamente probable que el éxito creado incluya algunas responsabilidades y obligaciones para seguir produciendo y lograr que las cosas sigan adelante. La motivación es un trabajo interno. No puedo motivarte y tú no puedes motivar a otra persona. Puedes alentar, puedes retar, puedes inspirar, pero la verdadera motivación, la razón subyacente por la que se hace algo, debe provenir del interior. Yo lo hago al establecer metas diariamente para mantenerme entusiasmado. Veo las cosas que parecen estar fuera de mi alcance —no solo las cosas materiales, sino los logros de otros— para mantener la atención en las posibilidades. Cualquier cosa que puedas hacer para estar altamente motivado será de gran importancia para tu compromiso 10X.

23. Interésate por los resultados

La gente exitosa no valora el esfuerzo, trabajo o tiempo invertido en una actividad; valora resultados. Los individuos no exitosos le dan gran importancia al tiempo que pasan en el trabajo y a los intentos por lograr resultados, incluso si no sucede nada. En este caso, la diferencia está relacionada con el concepto de ser insensato. Afrontémoslo: nos guste o no, los resultados son lo único que importa. Si tu «intento» de sacar la basura solo llega al distribuidor de la entrada, se acumulará en tu domicilio y tendrás un problema. Hasta que solo pienses completa e insensatamente en la obtención de resultados, te quedarás corto al conseguir lo que deseas. Deja de darte palmaditas en la espalda por intentar las cosas y guarda tus recompensas y reconocimientos para el logro verdadero. Anímate de manera que nadie más lo haga. Sé duro contigo mismo y nunca te permitas abandonar nada hasta obtener resultados. Los resultados (y no los esfuerzos) son el principal objetivo de los exitosos, sin importar retos, resistencias o problemas.

24. Ten metas y sueños grandiosos

La gente exitosa sueña a lo grande y tiene metas inmensas. No son realistas. Dejan eso para las masas, que luchan por las sobras. La segunda pregunta de la Regla 10X dice: ¿cómo de grandes son tus metas y sueños? A la clase media se le enseña a ser realista, mientras que los exitosos piensan en términos de cuánto quieren extenderse. Lo que más lamento en mi vida es que inicialmente establecí metas y objetivos basados en lo que era realista y no en el pensamiento gigante y radical. El pensamiento a lo grande cambia al mundo. Es lo que conforma a Facebook, Twitter, Google y a cualquier otra cosa que venga. El pensamiento realista, las metas pequeñas y los sueños triviales simplemente no te ofrecerán ninguna motivación, y te dejarán compitiendo con las masas. ¡Sueña a lo grande, ve a por todas y luego piensa en cómo ir todavía más lejos! Lee todo lo que puedas sobre las grandes personalidades y los logros de las empresas. Rodéate de todo lo que te pueda inspirar para pensar en grande, actuar en grande y desarrollar todo tu potencial.

25. Crea tu propia realidad

Los exitosos se parecen bastante a los magos; no se meten con las realidades de otras personas. Más bien se proponen crear una nueva realidad para sí mismos, diferente a la que aceptan los otros. No les interesa lo que otras personas consideran posible o imposible; solo les interesa producir las cosas que sueñan como posibles. Nunca se les vende la idea de tratar con las creencias de otros o con sus ideas, y no se someten a la «realidad» con la que todos están de acuerdo. Quieren crear lo que quieren y desdeñan —y hasta les disgusta— el acuerdo de las masas. Investiga un poco y verás que aquellos que han actuado a lo grande crearon una realidad que no existía. Ya se trate de un vendedor, un atleta, un artista, un político o un inventor, la grandeza la logran los que piensan poco en ser pragmáticos y se obsesionan con la idea de crear la realidad que quieren conseguir. La siguiente realidad de cómo serán o pueden ser las cosas está solo tan lejos como la siguiente persona que la cree.

26. Comprométete primero y luego averigua

En principio, esto puede parecer un rasgo bastante indeseable y hasta peligroso de los altamente exitosos. Sin embargo, es mucho menos peligroso que la alternativa puesta en práctica por los fracasados. La mayoría asume que debe averiguarlo todo primero y comprometerse después; sin embargo, nunca parecen llegar a ese momento. Incluso cuando ya lo averiguaron todo y están listos para comprometerse, se encuentran con que la oportunidad ya no existe u otro se quedó con el botín.

Comprometerte desde el principio significa ir al cien por cien tras cualquier cosa antes de tener en cuenta cada detalle. Esto permite a las pequeñas empresas y a los empresarios agresivos derrotar a competidores más grandes y ricos. Las grandes empresas del pasado se hicieron tan poderosas y se enamoraron tanto de las instancias administrativas que sus equipos pasan la mayor parte del día en juntas, lo que los hace cautos e incapaces de presionar como lo hacían cuando asumían riesgos y crecían. Aunque puede ser peligroso comprometerse ahora y averiguar las cosas después, creo que la creatividad y las facultades para la resolución de problemas se ven estimuladas solo después de que una persona se comprometa plenamente. Aunque la preparación y el entrenamiento son muy importantes, los retos del mercado requerirán que actúes antes de determinar cómo hacer las cosas. No necesariamente son los más listos o brillantes quienes ganan en el juego de la vida, sino quienes se comprometen con mayor pasión por su causa.

27. Sé altamente ético

Esta es una zona confusa para mucha gente, especialmente cuando ve a individuos exitosos en la cárcel. Bien, por lo que a mí respecta, no importa cuánto éxito logres amasar. Terminar en la cárcel sería motivo de descalificación inmediata. Incluso si no atrapan a un criminal, él o ella sigue siendo un criminal y, por lo tanto, es incapaz de tener éxito real. Conozco a gente que jamás diría una mentira o robaría un dólar y no la considero ética porque tampoco se molesta en cumplir sus compromisos como proveedora de seguridad y modelo de rol para su familia y sus amigos. Si no vas a trabajar todos los días y haces todo lo que puedas para tener éxito, entonces robas a tu familia, a tu futuro y a la empresa para la que trabajas. Has llegado a acuerdos —ya sean implícitos o verbales— con tu esposa, tu familia, tus colegas, tus gerentes y clientes. Cuanto más éxito crees, mejor cumplirás esos acuerdos. En mi caso, ser ético no solo significa jugar de acuerdo con las reglas establecidas por la sociedad. También creo que requiere que la gente haga lo que dijo que haría, y debe continuar haciéndolo hasta obtener los resultados deseados. Hacer un esfuerzo sin conseguir el resultado no es ético porque es una manera de mentirte y de fallar en el cumplimiento de tus obligaciones y compromisos. Tratar, desear, rezar, esperar y querer no te acercará a la meta. A mi entender, la gente ética obtiene resultados y crea mucho éxito para sí misma, su familia y su empresa, tanto que sobrevive a cualquier tormenta y tiene éxito sin importar las dificultades.

Una de las experiencias personales de la que estoy más orgulloso es mi habilidad para esquivar dos años de condiciones económicas muy adversas mientras afrontaba otros retos más serios en mi vida, y aun así fui capaz de expandir mi empresa y proveer a mi familia. Cualquier cosa que no sea proveer para el éxito a largo plazo significa arriesgar a todos los que están en tu vida, incluido tú mismo. No estoy hablando de ética de caja registradora, sino de un concepto mayor relacionado con vivir de acuerdo con tus capacidades y potencial, así como también cumpliendo con tus compromisos tácitos o explícitos. El simple hecho de estar de acuerdo en ser padre, esposo, emprendedor o dueño de un negocio —o cualquiera que sea el rol que desempeñes— trae consigo compromisos y acuerdos implícitos. Considero poco ético no utilizar los dones, el talento y la mente con la que he sido bendecido. Solo tú puedes decidir qué es ético para ti. Sin embargo, te sugeriría que cualquier disparidad entre lo que puedes hacer y lo que logras es un asunto ético. Los más exitosos entre nosotros somos conducidos por la obligación y motivación ética de hacer algo significativo que sea coherente con el potencial.

28. Interésate por el grupo

Solo puede irte tan bien como le vaya a la gente que te rodea. Si quienes te rodean están enfermos, trabajan peor de lo esperado y se enfrentan, entonces tarde o temprano terminarás afectado como todos los demás. Por ejemplo, las pensiones están estrangulando a los gobiernos municipales y estatales porque algunas personas se interesaron solo por su propia situación y no consideraron el impacto que tendrían en el grupo como un todo. Este tipo de pensamiento egoísta que no tiene en cuenta al grupo termina por afectar al conjunto mismo del que el individuo depende para su supervivencia. Esta forma egoísta de hacer las cosas hace prácticamente imposible que el grupo sobreviva, y pone en peligro hasta lo prometido.

La salud de la mayoría y su bienestar deben ser de capital importancia para cada miembro del grupo, algo que los más exitosos saben. Solo puedes ser tan exitoso como los individuos con quienes te relacionas y asocias. No importa qué posición tengas —si eres líder o parte del grupo—, tu éxito está limitado por la capacidad de quienes te rodean. Esto no significa que la gente exitosa no esté interesada en sí misma. Es solo que se dan cuenta de que deben gastar energía y expresar interés en sus asociados porque saben que, si no les va bien, hasta los mejor intencionados terminarán arrastrados. Es en realidad egoísta hasta cierto punto cuidar lo que les pasa a los demás. Quieres que todos en tu equipo ganen y mejoren porque así es probable que mejore tu juego. Por esa razón, siempre haz todo lo posible para llevar al resto del equipo a niveles de alto desempeño.

29. Dedícate al aprendizaje continuo

Se dice que los directores generales más exitosos leen en promedio sesenta libros y asisten a unas seis conferencias por año, mientras que el trabajador promedio estadounidense lee menos de un libro y consigue 319 veces menos ingresos. Aunque los medios discuten las diferencias entre ricos y pobres, con frecuencia olvidan la cantidad de tiempo y energía que los ricos dedican a leer, estudiar y educarse. La gente exitosa asiste a convenciones y simposios, lee. Jamás ha habido un libro, programa de audio, descarga, seminario por la red o discurso que no me haya resultado beneficioso, incluso los peores.

La gente más exitosa que conozco lee todo lo que cae en sus

manos. Se acercan a un libro de treinta dólares como si tuviera el potencial de convertirse en un millón. Ven cada oportunidad de entrenarse y capacitarse como la inversión más sólida. La gente no exitosa, por otro lado, se preocupa por el coste del libro o del seminario sin considerar los beneficios. Así que únete a las filas de la gente exitosa que sabe que sus ingresos, su riqueza, su salud y su futuro dependen de su búsqueda de nueva información y no dejar de aprender.

30. Mantente incómodo

Los que tienen éxito estuvieron dispuestos en algún momento a ponerse en situaciones incómodas, mientras que los fracasados buscan la comodidad. Las cosas más importantes en mi vida no fueron las que me hacían sentir más cómodo; de hecho, muchas me hacían sentir todo lo contrario. Ya se tratara de mudarme a otra ciudad, llamar en frío a un cliente, conocer nuevas personas, hacer una nueva presentación o aventurarme en nuevos sectores, la mayoría del tiempo me sentí incómodo hasta acostumbrarme a ello. Es tentador satisfacerte con lo que te rodea, con rituales diarios y hábitos, y la mayoría no ampliarán tu visión. Es agradable cuando las cosas son familiares. Sin embargo, la gente exitosa está dispuesta a someterse a nuevas situaciones. Eso no significa cambiar por el simple hecho de hacerlo; no obstante, saben que, al estar demasiado cómodos, relajados y en un entorno muy familiar, es probable que una persona se suavice, pierda su creatividad y el hambre de estar siempre al frente. Así que debes estar dispuesto a sentirte incómodo y a hacer sentirse incómodos a los demás. Es un signo seguro de que caminas hacia el éxito.

31. Aprovecha las relaciones

Si de mí dependiera, este sería un curso básico en cada año escolar. Incluiría ejercicios para que la gente haga cosas con las que no se siente cómoda. Los exitosos hablan constantemente de que la gente que los rodea es más lista, brillante y creativa. Es poco probable que escuches a uno de ellos decir: «Llegué aquí rodeándome de personas iguales a mí». Sin embargo, la persona promedio pasa su tiempo con gente de mentalidad similar o incluso con quienes traen a la mesa menos de lo que pueden.

Instaura el hábito de aprovechar todas tus relaciones y dirigirlas hacia la gente mejor conectada, educada e incluso más exitosa. Estos individuos tienen mucho más que compartir que tus supuestos «iguales». Este hábito se relaciona con el deseo de cambiar, enfrentarse a las tradiciones, crecer y hacer lo que otros no logran.

¡Procura subir, nunca crezcas hacia los lados y menos hacia abajo! Basa tus decisiones e invierte tus esfuerzos al máximo para dirigirte hacia tu compromiso ético y crear éxito para ti, para tu familia y tu negocio. La gente que te rodea tendrá mucho que ver con la consecución o no de tus metas. No quieres moverte horizontalmente. Asciende y esto se logra asociándote con pensadores de mayor calibre, soñadores mayores y protagonistas también de mayor talla. Los cinta negra no aprenden cosas nuevas de los cinta blanca. Puede que les recuerden las cuestiones básicas, pero un cinta blanca no hará que un cinta negra obtenga un cinturón rojo. Y no puedes convertirte en golfista de calidad si solo juegas contra los más débiles. Interactúa con los mejores. Es la única manera de mejorar.

32. Sé disciplinado

Recuerda: aquí no solo hablamos de dinero. Esto se refiere a ser exitoso en todas las áreas de la vida y, para lograrlo, no debes comprometer la disciplina: conducta ordenada que te dará lo que quieres y requisito para los jugadores 10X. Por desgracia, la disciplina de la mayoría se parece más a los malos hábitos que a las incómodas acciones 10X que deben emprender una y otra vez.

Disciplina es lo que usas para completar cualquier actividad, sin importar lo incómoda que sea, hasta convertirse en tu modo normal de proceder. Para obtener y mantener el éxito, determina qué hábitos son constructivos; y también el grupo debe disciplinarse (ver el punto 28) para hacer esas cosas una y otra vez. Si descubres que no tienes todas las características y hábitos del éxito o tienes la mayoría o algunas de ellas la mayor parte del tiempo, pero fallas ocasionalmente, no te preocupes. Supongo que quien lea esto no despliega constantemente cada una de estas cualidades. Date cuenta de lo que pretende la lista, mantenla cerca de ti y renueva tu compromiso para convertir esas técnicas en parte de quién eres y no solo algo que haces. Aunque personalmente no opero en la columna del éxito el cien por cien del tiempo, sí me esfuerzo por invertir la mayor parte de mi tiempo haciendo lo que la gente exitosa.

Ninguna de las cosas de esta lista es una cualidad sobrehumana. Cada conducta es alcanzable. No uses una o dos de las técnicas. Piensa y opera con ellas y se convertirán en parte de ti. Úsalas todas.

Ejercicio

Sin mirar, nombra cinco características de la gente exitosa y de sus contrapartes.

_____

_____

_____

_____

¿Qué haces mejor ahora?

_____

_____

_____

_____

¿En qué necesitas trabajar más?

_____

_____

_____

_____

23
Empezar con el estilo 10X

Así que, ¿cómo se pone en práctica todo esto? ¿Qué clase de retos se presentarán? ¿Y cómo conviertes el estilo 10X en una disciplina constante? Repasa la lista de lo que hace la gente exitosa para determinar lo que debes hacer. ¿Cuándo empezar? Bueno, recuerda: solo existen dos tiempos para la gente exitosa. Enfócate en el ahora, pero presta mayor atención al futuro que deseas crear. Ciertamente no puedes comenzar ayer y si esperas hasta mañana no serás un éxito porque habrás incumplido un principio importante de los exitosos: actúa ahora y sé consciente de que la cantidad necesaria de acción realizada hoy creará el futuro. Cuando la gente exitosa se relaja, añade tiempo a la toma de decisiones. En ese punto, están más preocupados por proteger lo que tienen que en crear nuevos niveles de éxito. Y mantener el éxito o lo que debes hacer con él cuando lo obtienes ¡es justo el tema central de este libro!

Lo escribí a los cincuenta y dos años y hasta el momento he creado suficiente éxito para mí, lo que ha servido para hacerme desear más. En realidad, creo que aún debo llegar al máximo de mis capacidades o habilidades. No quiero lograrlo solo por ganar en el juego o el dinero, más bien porque en verdad considero una obligación ética utilizar mi potencial. No importa qué te impulse: ve y consíguelo ahora y deja de ser razonable contigo mismo. En el momento de escribir estas líneas, emprendo una mayor expansión personal y profesional; asimismo amplío mi vida familiar y mis deseos filantrópicos. Todos en mi organización y hasta mis clientes te dirán que, cuando me propongo algo, siempre lo hago con el irracional deseo de hacer lo que sea necesario para llegar a mis objetivos. No soy un organizador, planificador o gerente. Sé que actuar sin agregar tiempo, juntas y análisis es una virtud y también una deficiencia. La gente que me conoce también te dirá que cuando me embarco en un proyecto, ya sea escribir otro libro, crear un programa para un seminario, desarrollar un nuevo producto, empezar una nueva rutina de ejercicio, mejorar mi matrimonio o pasar tiempo con mi hija, lo hago por completo. Estoy al cien por cien, comprometido como un perro hambriento en la parte trasera de la camioneta que reparte carne. Me conozco bastante bien. Cuando me involucro en algo, soy irracional con las acciones que realizo hasta obtener los resultados deseados. No me invento excusas ni dejo que los demás lo hagan.

Ahora significa ahora, no dentro de un minuto. Empieza por las cosas que deben hacerse primero; comienza haciendo tu lista inicial de metas, luego una de acciones que te impulsarán en esa dirección. Luego, sin pensarlo demasiado, ponlas en práctica. Ahora unas cuantas cosas que hay que tener en mente al empezar:

1. No reduzcas tus metas al escribirlas.
2. En este momento, no te pierdas en los detalles de cómo lograrlas.
3. Pregúntate: «¿Qué acciones puedo realizar hoy para dirigirme hacia esos objetivos?».
4. Realiza las acciones que se te ocurran sin importar en qué consistan o cómo te sientas.
5. No valores prematuramente el resultado de tus acciones.
6. Revisa la lista todos los días.

Cuando empiezas en el camino de la Regla 10X, puedes sentirte un poco abrumado. Incluso notar una tendencia a convencerte de no empezar o no actuar. No esperes. Ya sabes que no funciona retrasar las cosas. Piensa en ti mismo como si fueras un coche atascado en el lodo; necesitas tracción suficiente para moverte un poco y luego saldrás del atasco. Tal vez debas ensuciarte, pero es mejor que estar parado.

Como ya mencioné, debes prevenir los consejos de amigos y familiares que te aman y se preocupan por ti. Muchos pueden sugerir que no seas «poco realista» para después quedar desilusionado. El vocabulario y la mentalidad de la gente promedio, incluyendo a quienes amas, siempre son los mismos: cuídate, juega a lo seguro, no seas poco práctico, el éxito no lo es todo, siéntete satisfecho con lo que tienes, la vida es para vivirse, el dinero no te hará feliz, no quieras tanto, tómalo con calma, no tienes experiencia, eres demasiado joven, eres demasiado viejo y demás. Cuando escuches lo que la gente promedio dice y piensa, agradece sus consejos. Luego recuérdales que quieres su apoyo en el proyecto y diles que prefieres comprometerte con tus sueños y metas y desilusionarte, a no comprometerte ni desilusionarte.

Déjame darte un ejemplo real de la utilización de la Regla 10X mientras escribía este libro. Te darás cuenta al leer el siguiente escenario de cómo emplear muchos hábitos de los exitosos para alcanzar las metas que me impuse e incluso ir más allá de lo imaginado. En algún momento anterior a la escritura de *Si no eres el primero, eres el último*, me di cuenta de que aunque actuaba masivamente en mi vida, debía pensar en magnitudes 10X. Así que puse a prueba mi Regla 10X mientras escribía este libro. Al reescribir mis objetivos para estar a la altura del pensamiento 10X, me percaté de que una de mis metas era convertir mi nombre en sinónimo de capacitación para ventas. Quería convertirme en la primera persona que le viniera a la cabeza cuando pensara en entrenamiento para ventas, motivación o estrategias, cualquier cosa relacionada con las ventas. Tal era el concepto de dominio que tenía en mente al escribir *Si no eres el primero, eres el último*. Mi nueva y considerable meta estaba a punto, pero no cómo lograrla. Sin embargo, sé que si me hubiera detenido a averiguar cómo hacerlo antes de comprometerme, nunca habría empezado. Probablemente habría decidido de inmediato que el objetivo era imposible.

Una vez determinado el tamaño correcto del objetivo y evitando abrumarme con cuestiones técnicas y otras minucias del «cómo», permití que el objetivo determinara las acciones más consistentes. Parecía que un objetivo grande me movería de manera automática en la dirección de las acciones pertinentes. Usé un pequeño truco: formularme preguntas de calidad como «¿Qué debo hacer para convertirme en el nombre en que la gente piense cuando se aborde el tema de las ventas?». De inmediato escribí respuestas e ideas: a) conseguir que 7.000 millones de personas sepan quién soy; b) conseguir un programa de televisión; c) conseguir un programa de radio; d) llevar mis libros a todas las librerías y bibliotecas; e) asistir a todos los programas de debate y a los informativos principales; f) convertir en best seller del *New York Times* mi libro *Si no eres el primero, eres el último*; g) impulsar la obra usando las redes sociales para que la gente de todo el mundo conozca mi nombre. De nuevo, en ese momento no sabía cómo hacer todo eso y no me importó averiguarlo durante esos primeros momentos. Sabía que solo podían detenerme los «cómo» y los «no puedo», y quería concentrarme en mi objetivo.

Como mi meta era convertir mi nombre en sinónimo de ventas, sabía que establecía un objetivo suficientemente grande para mantenerme interesado. Estaba inspirado para hacer cualquier cosa consistente con las respuestas que desarrollamos en nuestras preguntas de calidad. Cada acción que mi empresa y yo realizábamos se orientaba a difundir mi nombre. No sabíamos nada sobre televisión ni teníamos contactos. Yo había escrito dos libros autopublicados, pero no sabía cómo lograr que un tercero me publicara un libro y mucho menos venderlo en las librerías. En esta ocasión no realicé ninguna entrevista para la tele o los medios y asumí que los sitios como Facebook y Twitter eran para personas que no tenían nada mejor que hacer. A pesar de todos los objetivos de la lista, creía firmemente en que conseguir un programa de tele me llevaría más lejos. Sabía que todas las acciones emprendidas estaban relacionadas de alguna manera y serían vitales.

De inmediato hablé con mi esposa y le informé de que me proponía conseguir un programa de televisión en el que demostrara mi habilidad para entrar en cualquier empresa y vender en cualquier situación económica, aumentando así las ventas de la empresa. Sabía que esto me evitaría cualquier posible desconocimiento entre las organizaciones de ventas a nivel mundial. Sin reserva alguna, ella me contestó: «¡Sería un programa de televisión increíble! Lo harías muy bien. ¡Hagámoslo! ¿Cómo puedo ayudar?». Nada de preguntas; solo apoyo incondicional.

Estaba muy emocionado, pero hice todo lo posible para no compartir mi nueva idea con nadie que me dijera que era algo imposible. Me di cuenta de que era algo grande y emocionante y puse todos mis recursos en acción. También supe que los resultados no llegarían de la noche a la mañana.

Mi primer movimiento consistió en informar a mi equipo y hacer énfasis en que cualquier proyecto que nos moviera en esa dirección debía realizarse. Dejé claro que no quería escuchar «no puedo», «no podemos», «es demasiado difícil» o «no puede hacerse». Comenzamos a realizar movimientos 10X haciendo llamadas a todos los conocidos que podían ponerme en contacto con alguien del mundo de los medios, de la televisión y de la industria editorial. Este paso fue algo doloroso. La gente que trabaja en las industrias televisiva y editorial ha visto muchísimos fracasos y, por lo tanto, ve proyectos como el mío bajo una óptica pesimista. No dudaron en hacerme saber varias veces que costaría mucho tiempo conseguir algo así y que no debía establecer expectativas muy altas. Me sorprendió el pensamiento promedio grabado en mucha gente, justo el que impide cumplir lo que se desea. Muchas veces recibí comentarios como: «Se graban 300 programas por cada elegido para transmitirse», «Las televisiones no gastan dinero», «Un programa de ventas quizá no interese», «Se escriben más de 750.000 libros al año», «Cuando no tienes un nombre muy conocido, es muy difícil entrar en televisión», y más y más. Aunque en esta etapa es cuando mucha gente se da por vencida, yo no lo hice, y tú tampoco lo hagas. Date cuenta de que cualquiera que trata de «irrumpir» pasará por lo mismo. Yo desdeñaba a los críticos para volver a poner el foco en mis metas. Revisaba qué debía hacer para lograrlas y luego lo emprendía sin importar si me sentía asustado o incómodo. Recuerda: ¡la gente exitosa abraza el temor y la incomodidad!

No sé si fue por lo que hacíamos o porque nos concentrábamos en lo que deseábamos, pero creo que se combinaron ambas cosas. Contraté a mi primera firma de relaciones públicas y, aunque fue una completa desilusión, no me di por vencido, pues sabía que era importante. Cuando la segunda firma tampoco funcionó, contraté otra. Abordábamos varios proyectos de modo simultáneo; todos requerían de tiempo, energía, dinero y creatividad, y todos eran nuevos para nosotros. No tenía manera de anticipar si funcionaría o no. Asimismo, yo hacía esto cuando la economía atravesaba por momentos terribles. Todo el mundo reducía gastos. Mi empresa —y la economía en su conjunto— experimentaba la mayor reducción económica vista en mi vida. Mis clientes hacían recortes de personal de hasta el 40 por ciento. Mi principal competidor despidió a la mitad de su equipo de trabajo y muchos otros cerraron sus puertas literalmente. Compañías enteras quebraban e incluso industrias enteras estaban en riesgo. Todos se asustaron, pero yo mantenía una idea importante en mente: que los más exitosos se expanden mientras los demás se contraen. Asumen riesgos mientras otros se muestran conservadores. De modo que en lugar de recortar personal o disminuir nuestra expansión, eliminé mi propio salario y usé el dinero para financiar actividades 10X.

Aunque me ponían a prueba como nunca antes en cada frente imaginable, hice todo lo posible por mantener el objetivo en la mira. No fue fácil y no había un resultado garantizado, pero lo hice todo para recordarme que era posible. Cuanto más me comprometía, más retos afrontaba. Casi llegué a sentir que el universo trataba de ver lo fuerte que era y si resistiría. Mis firmas de relaciones públicas me conseguían una miserable entrevista cada tres meses, los bancos me pedían más y más dinero y mis ingresos se vieron interrumpidos (¡por mí, claro, pero de cualquier modo dolía!). Lo único que funcionaba era mi matrimonio; un bebé venía en camino. También contaba con la fiera confianza en mi capacidad de persistir y trabajar. Estaba enamorado de mi meta 10X. Sabía que no solo era buena para mí, sino que el mundo necesitaba una nueva manera de hacer las cosas. Para mí, no solo se trataba de éxito personal, sino de conformar una misión para ayudar. El mundo entero sufría económicamente. Pero sentía que mi meta era sustancial y haría que las cosas avanzaran a lo grande, no solo para mí. Sentí que el riesgo de expandirme valía más que el dinero o la energía que gastaba. La meta tiene que ser más valiosa que el riesgo, si no quiere decir que estableciste una meta equivocada.

De modo que seguí con mi compromiso, afronté el miedo, me encantó hacerlo y aumenté las acciones en otras áreas. No controlaba las relaciones públicas, las emisoras de televisión o las editoriales, de modo que me dediqué a trabajar en lo que sí controlaba. Siempre que podía dar a conocer mi mensaje, lo hacía. Y finalmente vimos resultados.

Comenzamos a recibir llamadas para hacer programas de radio e incluso algunas entrevistas para la televisión. Una mañana, recibí una llamada telefónica de CNN Radio para hacer una entrevista sobre la crisis de la Asociación Federal Nacional Hipotecaria, a la que por supuesto accedí. A la mañana siguiente, me pidieron presentarme a las tres y media de la mañana en el estudio para una entrevista sobre el problema de los juicios hipotecarios y dije: «Sí, no hay problema. ¡Soy su hombre!». Recuerdo haber recibido una llamada de la agencia de relaciones públicas diciendo: «¿Puedes hablar sobre el tema del contrato de LeBron James y cómo afectará al baloncesto?». Dije que sí y me dirigí a los estudios de la CNBC sin pérdida de tiempo. Diez minutos antes de llegar, recibí una llamada en que se me informaba de lo siguiente: «El tema ha cambiado. En lugar de LeBron, hablarás de la relación entre Levi Johnston y Sarah Palin». No sabía nada sobre Levi Johnston, pero hice la entrevista. El tema no me importaba; yo solo quería que esos medios supieran que contaban conmigo. Me recordé que el objetivo no era hacer una entrevista para la CNBC o hablar de Levi, sino captar la atención mundial para que la gente pensara en mí en el momento en que las ventas vinieran a su cabeza. Aunque ninguna de estas coberturas me daría dinero, sí me daban a conocer lo que era más importante.

Luego empezamos a presionar por el lado de las redes sociales a lo grande. Insistimos tanto que hubo clientes, amigos y hasta empleados que se quejaban de que mandaba demasiados correos electrónicos y creaba demasiados posts. En lugar de echarme atrás, aumenté el número de correos electrónicos y posts hasta que las quejas se tornaron en admiración. Pasé de estar desilusionado con las relaciones públicas a saturarme (ese fue uno de los nuevos problemas que la acción masiva creó).

También seguí esforzándome por conseguir el programa de televisión. Busqué encontrarme con agentes teatrales, administradores, agencias grandes o pequeñas, pero nadie quería reunirse conmigo. Hablé con amigos de Hollywood que tenían experiencia con los canales de televisión y trataron durante años de conseguir su propio reality show. Mientras me aventuraba en este nuevo espacio, continué avanzando en las cosas que controlaba: conferencias, llamadas de los clientes, e-mails, redes sociales, artículos y las actividades de mi negocio principal. Y siempre que me desilusionaba o experimentaba un contratiempo, volvía a escribir mis metas. Esto me obligó a mantenerme concentrado en el objetivo y no en las dificultades. Siempre tuve en mente que los exitosos mantienen la atención en los objetivos sin importar los retos.

Entonces, un día me llamó un agente de un grupo neoyorquino para informarme de lo siguiente: «Nos hemos encontrado con uno de sus vídeos en YouTube y pensamos que sería perfecto para un programa de televisión. Buscamos a alguien como usted, pero no habíamos dado con la persona indicada». ¿Mi respuesta? «¡Soy la persona indicada! ¿Por qué han tardado tanto encontrarme?». Luego apunté el nombre del encargado del proyecto, lo llamé y le dije que estaría en Nueva York ese fin de semana: establecí de inmediato un compromiso con el proyecto. (Por cierto, no tenía planeado viajar a Nueva York antes de esa llamada. Sin embargo, tenía en mente conocer a alguien relacionado con la televisión. Es curioso cómo funcionan las cosas, ¿no?). El productor me dijo que le encantaría encontrarse conmigo.

Mostré inmediatamente al productor mi deseo y hambre por hacer que las cosas funcionaran y le demostré que estaba dispuesto a comprometerme sin tener «toda la información». Recuerda: la gente exitosa se compromete primero y luego averigua. Algunos dirán que fui demasiado impetuoso al decir que estaría en Nueva York ese fin de semana. Pero mi agenda me pertenece y puedo hacer lo que quiera, cuando quiera. Y dado que estoy por completo comprometido con el éxito como deber, decidí que el viaje a Nueva York cabía en mi calendario. No necesito un asistente personal o un ordenador que haga esas cosas por mí. Date a ti mismo todas las ventajas y a la persona de enfrente la oportunidad de avanzar. No añadas tiempo, titubeos o dudas. Haz que todos en tu vida lean el mismo guion. No esperes hasta que algo bueno suceda y luego pierdas tiempo comprobando las cosas con otros o con tu calendario. Esto solo restará impulso al momento. ¡Debes prepararte constantemente para el éxito, a fin de aprovechar la oportunidad cuando se presente! Cuando colgué tras la llamada con el productor, llamé a mi asistente y le pedí que me mandara a Nueva York. Ella me informó que ya tenía otro compromiso imposible de reagendar. ¡Sí! ¡Nuevos problemas! Así que inmediatamente cogí el teléfono (estrategia de «hazlo ahora») y usé este problema para un mayor contacto con mi nueva oportunidad (adquisición del cliente versus satisfacción del cliente). Llamé y le dije a la gente de Nueva York que no podría llegar allí tan pronto y les propuse otra hora. Es interesante porque la nueva hora resultó más conveniente también para ellos. Volé a Nueva York a ciegas (asumí el riesgo) y no tenía idea de lo que hacía (¿y qué?). Cuando llegué, me encontré con que el dueño de la empresa estaba en otra junta. Convencí a mi contacto de que pidiera al dueño solo diez minutos para encontrarse personalmente conmigo (insensato). Le rogué a sus porteros: «Vamos, he estado más tiempo en la fila de seguridad del vuelo del que pido. Necesito diez minutos para explicarle mi visión del programa». El dueño me concedió el tiempo de mala gana y en cinco minutos estaba completamente entusiasmado con el concepto. Luego pasó una hora conmigo y yo estaba seguro de que se decantaría por mí. De camino a la puerta, me dijo: «Apoyaré a cualquiera con esta fe y claridad». El grupo les mostró la idea a las emisoras.

No mucho después de eso, recibí otra llamada de un grupo de Los Ángeles relacionado con el productor de televisión Mark Burnett. Me ofrecieron invitarme al programa de Joan Rivers, *How Did You Get So Rich?* [¿Cómo te has hecho tan rico?] —esto era algo ridículo para mí, porque no me considero muy rico—. Pero, por supuesto, acepté la invitación. Justo antes de que la gente de Joan Rivers saliera para grabar el episodio, el grupo de Nueva York pidió entrevistarme para tener material que ofrecer a las cadenas. Cuando el asunto terminó, llamé a mis mejores amigos de Nueva York y les hablé de mis sensaciones: «La entrevista estuvo bien, pero no hay modo de que esto venda el programa. Los jefes del estudio necesitan reunirse conmigo para venderlo personalmente, o necesitamos grabarme yendo a una empresa para aumentar sus ventas, captándolo con la cámara». La respuesta fue que normalmente no hacían eso hasta tener algún grado de interés de la cadena. Sin embargo, les expliqué que la entrevista había ido muy bien y necesitaba crear un vídeo corto que mostrara a las cadenas que no sería un programa sobre mí, sino algo que todos querrían ver y demostraría exactamente cómo crear éxito en cualquier negocio, en cualquier ciudad y en medio de la peor crisis económica en cien años.

Para seguir echando leña al fuego, envié información a ambos grupos. Estaba en una convención en Las Vegas (ocupándome de mi negocio principal) y noté que un equipo de televisión filmaba. Les comenté lo que intentaba con este programa de televisión y deseaba enviarles a mis socios neoyorquinos una pieza de tres minutos. Les pedí grabar un vídeo de mí que pudiera captar su atención. Dije que, si funcionaba, habrían colaborado para hacer realidad un programa de televisión. Sorprendentemente, aceptaron.

Entonces grabé un vídeo de tres minutos que titulé: «They can't Handle the Truth» [No pueden con la verdad] (puedes encontrarlo en YouTube). El equipo de grabación tuvo la amabilidad de darme una copia que envié a ambos grupos y les encantó. Esto los mantuvo pensando en mí y fortaleciendo mi causa. Este vídeo incluso hizo que el grupo en Nueva York ampliara el abanico de cadenas a las que planeaba presentar el proyecto.

Mi compromiso de mover las cosas empezaba a alentar su propio compromiso. Echaba leña a mi fuego y ciertamente iba más allá de las convenciones sociales. Solo para tu información, tampoco tenía idea de qué hacía (el valor se crea con acciones). Lo único que sabía es que actuaba y esa acción lograría una meta mayor. Estaba asustado, preocupado por el dinero invertido y temía el rechazo, pero creaba una nueva serie de problemas que, por supuesto, eran señal de que estaba ejecutando los movimientos correctos.

El siguiente acontecimiento de importancia ocurrió cuando Joan Rivers vino a mi casa para filmar el episodio conmigo. Yo, por supuesto, compartí con ella mi idea sobre el programa y me dio los nombres de las personas que producían el suyo. Usé el método de aprovechar las relaciones tendiendo al ascenso, no a los lados o hacia abajo. Llamé al grupo de Los Ángeles y les pedí una cita para exponerles esta idea, por si los de Nueva York no llevaban el proyecto a su fin. Recuerda: nunca dejes de echar madera y de actuar, sin importar lo que otros hagan. Al grupo de Los Ángeles le gustó la idea. Tampoco vino mal el hecho de que los productores vieran mi trabajo con Joan Rivers. En este punto, pasé de una idea con apoyo mínimo a dos empresas que estaban considerando hacer un programa. Estaba dudoso cuando fui a Paramount y pensé: «Estos tipos me reciben porque se sienten un poco obligados, así que ni por un momento se te ocurra estar seguro y confiado en cada etapa del camino». Casi cancelo mi visita a Paramount ya en camino, pensando que era una pérdida de tiempo, cuando mi sentido del deber entró en juego. Sí: estaba asustado y en realidad no sabía qué hacía, pero lo hice de todos modos. Recordé que las emociones están sobrevaloradas y que debo mantenerlas a raya. De nuevo, pon atención a todas las estrategias exitosas que ilustro aquí porque fueron la guía para mi toma de decisiones y lo serán para ti.

Al encontrarme con los miembros del grupo, quedé estupefacto al descubrir que habían pasado tiempo diseñando su propia versión de mi programa. Todos mis temores sobre su falta de interés —al igual que sucede con la mayoría de los temores— eran infundados. Cuando estos dos grupos investigaron sobre mí, ambos comentaron: «Es como si estuvieras en todas partes» (omnipresencia).

Aunque llegado este momento deseaba gritar a los cuatro vientos mi alegría, no debía emocionarme demasiado ni celebrarlo. Debía presionar con más acciones y más responsabilidad y lograr que las cosas avanzaran. En lugar de esperar a que una de las dos compañías me ofreciera el trato, llamé a empresas minoristas para alinearme con organizaciones interesadas en aparecer en mi nuevo programa (que, dicho sea de paso, todavía no tenía). Aunque era una labor de la empresa productora, 1) no había trato con empresa alguna todavía, 2) odio esperar, y 3) quería hacer que las cosas avanzaran hasta el punto de que nadie se echara para atrás. ¿Fui demasiado agresivo o actuaba de modo inaceptable socialmente hablando? ¿Rompía las reglas acordadas? ¿Podía esto ofender a alguien? ¡Absolutamente! Pero si cualquiera de estos grupos me decía no, ¡nada de lo que hiciera les importaría!

Es interesante que cuando llamamos a las empresas para darles a conocer el programa, no solo la gente se interesó por aparecer en él, también preguntaron cómo ayudarnos antes. Obtuvimos varias cuentas nuevas haciendo llamadas para difundir el programa. Luego informé al grupo de Nueva York que estaba consiguiendo que algunas organizaciones se involucraran en el proyecto. Los productores me pidieron calma, a lo que respondí: «Puedo decirte que sí, pero no lo haré». El resultado de esta conversación fue que el grupo de Nueva York estuvo de acuerdo en grabar un adelanto del programa. Acordamos que una agencia distribuidora de Harley sería el marco visual ideal para una historia fantástica. Tras una docena de llamadas, encontramos una empresa interesada, pero seguíamos sin tener un compromiso de Nueva York. Cuando les dije que tenía listo el lugar, no pudieron decir que no. Acordaron enviar un equipo de grabación durante dos días. (Entiende que cuando presionas para avanzar algo pasa).

Me encontré a punto de grabar un programa de televisión sin tener experiencia, sin guion, notas ni preparación, sin tener una idea clara de lo que haríamos, pero filmaría dos días en la tienda de Harley más grande del mundo (comprométete primero y luego averigua). Trabajaría con personas con las que jamás lo había hecho y, francamente, estaba muerto de miedo. Lo único cierto era que llegaría a cualquier empresa y aumentaría sus ventas. Tenía una cosa en mente: el miedo indica que te mueves en la dirección correcta.

Para tranquilizarme, concentré mi atención en el futuro y me recordé mis metas. De camino a la grabación, me recordé una y otra vez que controlaría mis temores y era necesario hacer lo que estaba a punto de lograr. De otro modo, la gente nunca llegaría a saber de mí y de mi capacidad para ayudarla. Recuerda: tu único problema real es la ignorancia. Me animaba: «Preséntate, concéntrate a fondo y confía en que la creatividad sigue al compromiso». Fíjate en el número de elementos exitosos que utilicé aquí: adopta una actitud de suficiencia;

cree que serás exitoso; comprométete primero y luego averigua; actúa ahora, no después; ve a por todo; demuestra valor; haz lo que temes; concéntrate en el objetivo; estate dispuesto a sentirte incómodo. Incluso si fallaba, mi mentalidad y mis acciones eran las correctas. Podría arrepentirme de mi actuación, pero ¡al menos no me arrepentiría de no haberlo intentado!

Empezamos a grabar el avance. Unas tres horas después, el productor dijo: «Grant, necesitamos algo que realmente demuestre lo que haces, más allá de palabras y explicaciones. Necesitamos constatar que lo que enseñas en verdad sucede». Miré al cámara y le dije: «Enciende esa cámara y sígueme». Luego me apoderé de la sala de exhibición de Harley yendo de cliente en cliente y conversando con cada uno. Hice que se subieran y bajaran de las motocicletas, los movía, les tomaba fotos y las enviaba vía mensaje de texto a sus parejas en casa con frases como: «Estoy a punto de venderle a su esposo una motocicleta». Fue divertido, fácil e increíblemente poderoso para interactuar con los clientes y manejar sus objeciones, resistencia y problemas, y todo quedó registrado.

Al final del primer día, el productor me miró y preguntó: «¿Puedes hacer esto en cualquier empresa, en cualquier sitio?». Estoy seguro de que, llegado este momento, sabes bien qué respondí, pero en caso de que no, lo repetiré aquí: «¡Amigo, puedo hacer esto en cualquier empresa, en donde sea, infinito número de veces, y enseñar a cualquiera, que venda lo que sea, cómo incrementar sus ventas en cualquier economía!». Él dijo: «Te creo, y creí en ti desde antes de ver lo que has hecho. Ahora Estados Unidos verá este programa de televisión».

Le pedí un favor: «Una vez que logres un acuerdo para reunirte con la gente de la cadena, permíteme venderles el proyecto». Yo sabía que podía hacerlo mejor que cualquier otra persona. Él estuvo de acuerdo, regresó a Nueva York y editó la pieza. Me llamó a la semana siguiente y me dijo lo emocionado que estaba, pero que esa temporada de verano retrasaría sus presentaciones a los canales de televisión. Explicó que se tomaría otras cuatro semanas para hacer la presentación, pero me aseguró que todos disfrutarían con ella.

No supe de él en tres semanas, así que lo llamé. Sabía que no llegaría a ninguna parte con este proyecto si no persistía. Cuando hablamos, me confirmó que todo seguía en pie. Le recordé su compromiso de dejarme vender el proyecto a los ejecutivos. Me llamó una semana después, a las siete menos cuarto de la mañana, y me dijo lo siguiente: «Grant, tengo malas noticias. Los canales no quieren que vengas a presentar el programa. Prefieren comenzar a grabar de inmediato».

Primero pensé en quien me dijo que por cada programa realizado se desechaban trescientos. Luego, en la persona que afirmó que nadie quería ver un programa de ventas. (¡Concéntrate en tu objetivo, sé insensato al respecto, echa leña al fuego y no te fijes en lo que la gente dice sobre lo hecho, lo que se hará o lo que es posible!). La gente está tan atrapada en su propia negatividad y en sus pérdidas que se da por vencida antes de crear el futuro que quiere. Algunos sienten la necesidad de criticar lo que otras personas hacen para justificar su propia conducta. Nunca pienses en lo imposible; mejor permanece concentrado en lograr que ese supuesto imposible sea posible. Qué bueno fue negarme a prestar oídos a todos esos pesimistas, ¿no?

En este momento todavía no hemos grabado el programa, pero todo está listo y esperamos emitirlo el año entrante. Espero que dé a los telespectadores la guía que la gente normal necesita para crear éxito en cualquier economía, lugar y tiempo. ¡Las desaceleraciones del mercado, los problemas financieros, los retos y el miedo no son tan poderosos como la capacidad de una persona para soñar a lo grande y actuar a niveles 10X! Ninguna economía, no importa lo mala que sea, puede contener un propósito seguido de suficiente acción.

He compartido esta historia contigo para demostrarte cómo puse en práctica muchos conceptos discutidos en este libro para expandir mi dominio. Soy igual que tú —no tengo más talento ni más certezas—, pero uso el pensamiento 10X y realizo acciones 10X. Este no solo es un libro, es lo que debes hacer hoy para lograr las cosas. El mundo ya no te recompensa solo por hablar. Debemos dejar de limitarnos a hablar para poner en marcha aquello de lo que hablamos. Con este ejemplo te darás cuenta de que el sistema 10X funciona para cualquier persona.

Este relato corto ni siquiera trata acerca de mí; es una guía sobre lo que tú debes hacer. No tienes idea de cuánta gente a lo largo de mi vida ha reído, criticado y alzado las cejas ante las cosas que hacía. No sabes de los cientos de miles de llamadas telefónicas que hice y no derivaron en nada o de los miles de correos electrónicos que nadie respondió. No tienes idea de cuánta gente —incluso quienes me apoyan— me sugirió que presionaba más allá de mis límites y me ponía en riesgo. He pasado treinta años preparándome y estudiando, cometiendo errores y actuando, y todo eso me ha permitido desarrollar cierto nivel de disciplina que no siempre tuve.

Entrenar y aprender tiene absoluta importancia para seguir adelante y para el desarrollo del valor, la persistencia, el pensamiento insensato y, especialmente, la disciplina. No dejo de recordarme que, tratándose de sueños y metas, no existe ser racional o irracional, y no hay distinción entre lo posible y lo imposible. Pienso que estarás de acuerdo en que es imposible realizar algo excepcional si vives con pensamientos y acciones mediocres.

El pensamiento en grande, las acciones masivas, la expansión y la toma de riesgos son necesarios para tu supervivencia y tu futuro crecimiento. Permanecer pequeño y relajado es solo una manera de seguir pequeño y relajado. Si piensas así, en algún momento del futuro muy cercano nadie te verá, escuchará ni sabrá siquiera que exististe. Comprométete con el pensamiento 10X y con la acción 10X. Esta es la mayor diferencia entre el éxito y la opción promedio. No se trata de inteligencia, economía y ni siquiera de a quién conoces, porque cuando se habla de la acción masiva, ninguna de estas cosas importa.

Conservo muchas de mis metas de largo plazo y varios objetivos por cumplir. Todavía no he conseguido mi programa de televisión, no he logrado que 7.000 millones de personas me conozcan y quedan incontables cosas por hacer, ¡muchas ni siquiera se me han ocurrido! Sin embargo, sé que me muevo en la dirección correcta. También sé, y quiero insistir para que tú lo sepas, que no se trata de que yo sea especial o posea alguna cualidad única; se trata simplemente de operar con pensamiento y acciones 10X.

Haz que tu hoguera sea tan grande y tan caliente que los demás se sienten alrededor de ella maravillados. Nunca tendrás todas las respuestas, tu tiempo nunca será perfecto y siempre encontrarás obstáculos y dificultades. Sin embargo, cuentas con una cosa: al actuar de manera masiva, consistente y persistentemente, dando seguimiento con acciones del cuarto grado, garantizarás el éxito deseado. Siempre emprende las cosas actuando masivamente. Deja que el resto del mundo opere en los primeros tres niveles de acción y mira cómo pasa su vida luchando por las sobras.

Observa a tu alrededor y verás un mundo lleno de gente promedio, de pensamiento promedio y —en el mejor de los casos— de acciones promedio. Mira de nuevo. Lo que en realidad verás detrás de la aceptación de lo promedio es personas que perdieron sus sueños y dejaron de vivir con un propósito dinámico. Están deseosas de conformarse con lo normal. Cuando elijas a las personas de las que aprenderás, busca a los excepcionales, a quienes se destacan por cómo viven sus vidas.

No te preocupes por determinar de qué manera son especiales o distintos a ti. Concéntrate en cómo piensan y actúan y en duplicar eso. El éxito no es una elección u opción; es tu obligación operar al nivel correcto de pensamiento y acción. Así que atiende tu responsabilidad de dejar una huella en este planeta para que, cuando termines tu labor, seas recordado por acercarte a la vida con los más grandes sueños y las acciones más destacadas. Recuerda: el éxito es tu deber, tu obligación y tu responsabilidad, y al pensar en niveles 10X y actuar en niveles 10X, ¡crearás más éxito del que jamás soñaste!